GESTIÓN DEL FRACASO

GUÍA PRÁCTICA PARA
PERSONAS EMPRENDEDORAS

PEDRO-JUAN MARTÍN CASTEJÓN
RAFAEL RABADÁN ANTA
ROSA Mª VIGUERAS ABELLÁN

GESTIÓN DEL FRACASO

GUÍA PRÁCTICA PARA PERSONAS EMPRENDEDORAS

EDICIONES PIRÁMIDE

Primera edición: mayo, 2026

© Pedro-Juan Martín Castejón, 2026
© Rafael Rabadán Anta, 2026
© Rosa Mª Vigueras Abellán, 2026
© Ediciones Pirámide (Grupo Anaya, S. A.), 2026
Valentín Beato, 21. 28037 Madrid
Teléfono: 91 393 89 89
www.edicionespiramide.es

PAPEL DE FIBRA
CERTIFICADA

ISBN: 978-84-368-5152-6
D.L.: M 6377-2026
Impreso en España - Printed in Spain

A nuestro amigo y compañero Paco Provencio,
in memoriam.

ÍNDICE

PRÓLOGO

No se me ocurre mejor manera de empezar este prólogo que agradecer a los autores la confianza que han depositado en mí y recordar una frase que les he escuchado a menudo y considero muy oportuna: unas veces se gana y otras se aprende.

El fracaso, que para algunas personas es un trauma insuperable y para otras una oportunidad disfrazada, para mí es una amenaza inexistente; no me preocupa. Aunque actualmente el éxito parece ser la única meta válida, esta práctica guía invita a cambiar nuestra perspectiva y abrazar el fracaso como una parte esencial del camino hacia el crecimiento personal y profesional. Escrito por expertos en el tema como Pedro-Juan, Rafael y Rosa Mª, este texto es una herramienta indispensable para aquellos que se atrevan a emprender y enfrentarse a los desafíos que ello conlleva.

Desde su introducción, los autores dejan claro que su objetivo no es solo ofrecer soluciones prácticas, sino también transformar la manera en que entendemos el fracaso. A lo largo de sus páginas se exploran las múltiples facetas de este fenómeno, desde su aceptación como aprendizaje y oportunidad hasta el desarrollo de habilidades para enfrentarlo con resiliencia y fortaleza. Este enfoque integral convierte a la obra en una guía que no solo instruye, sino que además inspira.

En los primeros capítulos se nos invita a cambiar nuestra perspectiva sobre el fracaso, ayudándonos a verlo como un maestro que nos enseña valiosas lecciones. Se profundiza en su papel dentro del proceso emprendedor, destacando que no es un fin, sino una etapa más en el camino hacia el éxito. Los autores abordan también el miedo al fracaso, un sentimiento que paraliza a muchos, ofreciendo estrategias para afrontarlo y superarlo.

La obra no se detiene en el análisis, sino que avanza hacia la acción. En los capítulos dedicados al desarrollo de habilidades frente a la frustración y al aprendizaje de los errores, se presentan herramientas prácticas para prevenir y gestionar el fracaso. Además, exploran en la importancia de la recuperación y la resiliencia, mostrando cómo levantarse con más fuerza tras una caída.

Uno de los aspectos más destacados es su enfoque sobre el reemprendimiento. En el capítulo final se abordan la normativa acerca de la denominada Segunda Oportunidad y otros recursos legales y económicos que permiten a las personas emprendedoras volver a intentarlo después de un tropiezo. Este mensaje de esperanza y posibilidad es el corazón de la obra, recordándonos que el fracaso no es el final, sino el inicio de una nueva etapa.

He compartido durante años con Rosa Mª, Rafael y Pedro-Juan espacios académicos y profesionales, charlas, debates y proyectos. He sido testigo directo de su empeño constante por introducir una mirada distinta sobre el fracaso, no como estigma, sino como oportunidad de aprendizaje: el concepto *fracasOportunidad,* que remarcan. Lo que el lector encontrará en estas páginas no es una moda pasajera ni una consigna motivacional, sino el resultado de una trayectoria sostenida de reflexión, investigación y práctica profesional.

Desde luego, no solo se refieren al mundo de la empresa; también a cómo educamos y acompañamos a nuestros jóvenes, y qué mensaje les transmitimos cuando algo no funciona. ¿Castigamos cada tropiezo, generando miedo, o enseñamos a analizarlo, fomentando crecimiento?

Con un glosario temático, una rica bibliografía y anexos que complementan la información, esta obra se convierte en una guía completa y actualizada para quienes buscan transformar el fracaso en un trampolín hacia el éxito. Los autores, con su experiencia y conocimiento, nos ofrecen una perspectiva renovadora y práctica que nos invita a mirar el futuro con optimismo.

En definitiva, *Gestión del fracaso: guía práctica para personas emprendedoras* no solo es un manual, sino un compañero en el camino del emprendimiento. Una invitación a abrazar el fracaso, aprender de él y utilizarlo como una herramienta para crecer y alcanzar nuestras metas. Ojalá que esta lectura suponga el inicio de una nueva forma de entender y afrontar los desafíos de la vida.

RAMÓN MADRID NICOLÁS
Vicepresidente del REA del Consejo General de
Economistas de España
Decano del Colegio Oficial de Economistas
de la Región de Murcia

INTRODUCCIÓN

A veces las cosas no salen. No porque no se hayan intentado. Simplemente, no salen. Alguien se esfuerza, trabaja, planifica, lo pone todo sobre la mesa y, sin embargo, el resultado no llega. Cuando eso pasa, no es fácil sostenerse. Porque más allá del golpe económico o profesional, está el interior: la decepción, el desgaste, el bloqueo, la frustración, la pena, a veces la culpa y la rabia. Es ahí donde muchas personas se quedan atrapadas. No por falta de talento ni de voluntad, sino porque nadie les enseñó a gestionar el fracaso.

Partiendo de la premisa de considerar el fracaso como una parte natural y valiosa del proceso de aprendizaje, los autores de esta obra pretenden sentar una guía práctica para enfrentar los desafíos con determinación y resiliencia. Desde el primer capítulo se introduce al lector en un nuevo enfoque hacia el fracaso, cambiando la percepción negativa habitual por una más constructiva y enriquecedora: entre las tres posibles respuestas psicológicas ante una situación de fracaso —depresión, sobrecompensación o aceptación— se orienta al lector hacia la tercera: aceptar el fracaso como una etapa natural en un proceso de formación/aprendizaje, evitando efectos paralizantes. Se proponen estrategias para superar la fobia al fracaso —*atiquifobia*— y se presenta el fracaso como una oportunidad para aprender y crecer, en lugar de un obstáculo traumático e insuperable.

En los siguientes capítulos se profundiza en las habilidades necesarias para afrontar el fracaso con éxito, abordando cómo desarrollar una mentalidad resiliente, fomentar la perseverancia y la adaptabilidad, sabiendo manejar el estrés y la presión inherentes a la actividad profesional. Además, se proporcionan herramientas prácticas y recursos útiles para la gestión del fracaso, incluyendo técnicas de análisis y aprendizaje, desarrollo de habilidades de afrontamiento y gestión del estrés, aportando una variedad de recursos para emprendedores en momentos de dificultad.

Como consecuencia de la experiencia de los autores y su participación en cursos y proyectos internacionales, el libro se configura como una guía accesible y motivadora para emprendedores de cualquier nivel de experiencia. Destaca, además, como una referencia novedosa para aquellas personas que buscan el éxito en el competitivo mundo empresarial, convirtiéndose en herramienta útil para la formación de cualquier persona interesada en su crecimiento personal y profesional.

Este manual se distingue por su enfoque integral y práctico, ofreciendo herramientas concretas y estrategias probadas para superar obstáculos y convertir adversidades en oportunidades de crecimiento, en el marco de un modelo/estrategia —patentado por los autores— que se denomina *fracasOportunidad*. La experiencia directa de los tres autores —dentro de un equipo conocido coloquialmente como «fracasólogos» y «fracasólogas»— garantiza una perspectiva real y aplicada, mientras que la colaboración interdisciplinaria aporta riqueza de enfoques. Con casos de estudio actuales, una perspectiva legal actualizada y lecciones internacionalizadas, la obra será una guía valiosa para estudiantes universitarios y para personas emprendedoras, experimentadas o no.

En cuanto a las características pedagógicas del manual, destaca por su enfoque práctico, ofreciendo herramientas y estrategias aplicables directamente a proyectos empresariales. Su estructura se organiza según un orden lógico para facilitar la comprensión. Además, incluye actividades de reflexión para que los lectores apliquen los conceptos a su propia situación. También proporciona referencias de otras fuentes para ampliar conocimientos y obtener ayuda adicional. Estas características aseguran una experiencia de aprendizaje práctica, organizada y enriquecedora para los lectores.

El manual no va dirigido solo a emprendedores; está pensado asimismo para estudiantes universitarios, para profesionales que atraviesan momentos de cambio, para formadores, mentores, orientadores laborales y, en general, para cualquier persona que quiera aprender a gestionar con más herramientas los momentos en los que las cosas no salen como se desean.

No es un libro optimista. Es realista y práctico, porque trata de enseñar que gestionar el fracaso no es levantarse rápido, sino levantarse bien. Y que, cuando no se gana, al menos se aprende.

1

CAMBIANDO LA PERSPECTIVA SOBRE EL FRACASO: ACEPTARLO COMO APRENDIZAJE Y OPORTUNIDAD

«Por este camino que he pintado, áspero y dificultoso,
tropezando aquí, cayendo allí,
levantándose acullá, tornando a caer acá,
llegan [los estudiantes] al grado que desean...»

MIGUEL DE CERVANTES

«El futuro tiene muchos nombres.
Para los débiles es lo inalcanzable.
Para los temerosos, lo desconocido.
Para los valientes, la oportunidad.»

VICTOR HUGO

1.1. Introducción

Desde hace unos diez años se está estudiando y escribiendo bastante —quizá todavía no lo suficiente— sobre la cara oculta del éxito, aquella experiencia que para alcanzar el mismo implica mayor incertidumbre y sufrimiento para toda persona: el fracaso. Un artículo con llamativo título del filósofo José Antonio Marina (2013) supuso, para uno de los autores de esta guía, la particular «espoleta» para animarle a interesarse por el afrontamiento psicológico de la que hasta hace una década le había parecido una triste familia: el fracaso, la derrota, la frustración, el error, la pérdida...

Cuando se focaliza la atención hacia tal familia, se advierte ese componente de fracaso en la biografía e historia vital de muchas personas «exitosas», por no decir de todas, sea cual sea la disciplina en la que han brillado: ciencia, música, medicina, empresa, literatura, deporte… La reflexión inmediata es que esta experiencia común debe, digamos, naturalizarse, evitando tratarla como un tabú o un estigma que pueda deprimir a nadie.

Con dicho objetivo los autores de los presentes capítulos vienen organizando desde 2015 una serie de cursos de verano sobre *Gestión del fracaso* en la Universidad Internacional del Mar y el CEE-IM[1], en los cuales, durante 25 horas, un grupo transversal de profesionales —procedentes sobre todo de la psicología, la empresa, la medicina y la abogacía— aportan sus valiosas experiencias como un conjunto de enseñanzas —con ejercicios prácticos durante las ocho sesiones del curso— que pretenden explicar el fracaso como una fase natural y necesaria del aprendizaje, alejándolo así del carácter traumático y depresivo que a menudo reviste en esta sociedad, narcotizada por la engañosa «cultura del éxito»: asimilar sin complejos el error y el fracaso supone, por tanto, la formación en otro valor que debemos trasladar al sistema educativo desde edades tempranas. La mayor parte de estas propuestas se han recogido en artículos de prensa, entrevistas en medios diversos y, especialmente, en un manual coordinado por los mismos Rabadán y Martín (2020), codirectores del curso mencionado.

Como indica Rabadán (2020) en el capítulo introductorio a ese manual —texto que a menudo citaremos aquí—, ha contribuido a afianzarles en dicho objetivo el hecho de escuchar a menudo frases y lamentos del tipo «en España no hay cultura del fracaso», ilustradas muchas veces con casos de menores y adolescentes que se deprimen y estancan ante unas flojas notas escolares, una racha mala del equipo donde juegan, dos suspensos en el conservatorio o un fiasco amoroso. ¿Qué papel desempeñan los adultos en esta laguna educativa? ¿Intentan preparar a los menores para el fracaso, para que asimilen el error como etapa necesaria del aprendizaje? Así resume esta postura habitual el galerista Nacho Ruiz (2018): «Mientras reina la cultura del éxito y su exhibición, en nuestro

---

[1] Centro Europeo de Empresas e Innovación de Murcia.

mundo lo importante yace bajo capas de vacío moral, prisa y miedo. Los adultos hablamos a los críos desde la superioridad, relatándoles cómo hemos triunfado, lo buenos estudiantes que fuimos, que la vida es sacrificio, que hay que ser como nosotros. Nunca nos ponemos en su lugar, en sus miedos e inseguridades». Incluso a menudo frenan el desarrollo de habilidades intelectuales básicas —como la creatividad— mediante modelos educativos que no alientan las mismas (Rabadán y Corbalán, 2011).

El filósofo y exministro de Educación Ángel Gabilondo, en el prólogo al ensayo recién citado, escribe: «El miedo a no encajar, a equivocarnos, a hacer cosas que puedan resultar demasiado excéntricas nos convierte en seres coartados que solo buscan formar parte de un sistema en el que no desentonar» (Gabilondo, 2011). Otro filósofo, a quien se aludió en el primer párrafo, abunda en ello (Marina, 2013):

> Uno de los problemas que ha tenido la educación es que no ha preparado a nuestros menores para la experiencia de la frustración, lo que les ha hecho muy vulnerables, porque inevitablemente van a sufrir alguna decepción en la vida. Por eso, necesitamos educar para soportar el fracaso, si queremos educar para conseguir el éxito. Esto sucede también a los adultos. En España tenemos una concepción ontológica del fracaso: quien fracasa una vez es un fracasado. Y es mejor que no lo intente de nuevo, idea que disuade a mucha gente de emprender nada.

Una atinada reflexión al respecto por parte del cineasta y poeta Pier Paolo Pasolini alienta también dicha tarea (Bazzocchi, 2023):

> Pienso que es necesario educar a las nuevas generaciones en el valor de la derrota. (…) En construir una identidad en la que se pueda fracasar y volver a empezar sin que el valor y la dignidad se vean afectados. (…) Ante este mundo de ganadores vulgares y deshonestos, de neuróticos del éxito, prefiero de lejos a quien pierde. Es un ejercicio que me parece bueno y me reconcilia conmigo mismo, un hombre que prefiere perder más que ganar con maneras injustas y crueles.

En el terreno laboral y profesional son abundantes las depresiones ante una situación frustrante, que encierran la infravaloración del sujeto hacia sus capacidades reales y, lo que es peor, el desperdicio de oportunidades futuras debido a la pérdida de confianza en uno mismo. Y según un proverbio árabe hay cuatro cosas que no vuelven: la flecha arrojada, la palabra dicha, la vida pasada y la oportunidad perdida.

El origen de esto, la fragilidad, es común a todo ser humano: «La vida de las personas es vulnerable; con frecuencia deben su supervivencia a otras personas, sociedades y marcos jurídicos. La infancia, la vejez y los estados de enfermedad, por los que todos pasamos necesariamente, ponen en evidencia este carácter de fragilidad» (Cayuela, 2005). Asumir que los seres humanos fallan a menudo y que no por ello son peores, que esta imperfección es parte esencial del atractivo de cada cual, aprender a asimilar esta falibilidad debe ser un objetivo vital, en parte tarea del entorno social y del sistema educativo, en parte tarea de una adecuada y adaptativa maduración personal[2].

Hace una década surgió el movimiento internacional FuckUp Nights, donde perdedores/fracasados/*losers* de muchos ámbitos y países hablan sobre los grandes errores de sus vidas, experiencias reunidas recientemente en un libro/manifiesto de significativo título (VV. AA., 2023), en el que demandan *programaciones impuestas* —y frustrantes a medio plazo— como esta: «Nos rodea un espectáculo dramático. La mayoría de la gente va por ahí tratando de vivir la vida que alguien (le) ha diseñado desde Hollywood o Silicon Valley, sometida a metas impuestas por convenciones sociales que buscan crear consumidores predecibles». Las redes sociales han facilitado tal dependencia de la aceptación social —¡incluso por personas desconocidas!— y del éxito aparente, generando ansiedad y malestar ante el previsible fracaso.

---

[2] Merece la pena escuchar al respecto el discurso de Álvaro Pombo *Fenomenología de la fragilidad* al recibir el premio Cervantes en abril de 2025: «... la fragilidad del ser humano ante la enfermedad, ante la soledad, ante la injusticia, ante la inseguridad, ante las causas perdidas...».

Reflexión aparte merece el concepto de *éxito*. Entre tantos posibles, la periodista Isabel Espiño (2025) propone uno sencillo por su cotidianeidad[3]: «Escucho en muchas entrevistas que el éxito reside en pequeñas cosas del día a día: comprarte libros sin mirar el precio, ir a restaurantes sin preocuparte de la cuenta... La tranquilidad». El sociólogo Ángel Olaz (2025), compañero en la Universidad de Murcia, ha dedicado un reciente opúsculo al mismo concepto.

1.2. La cara B —beneficiosa— del fracaso

Para superar tan nociva percepción debe recordarse siempre lo que uno de los autores de este manual denomina *productividad del fracaso* (Rabadán, 2020). Al final de sus charlas-taller sobre la gestión del mismo, suele pedir a los participantes que, en la próxima cena o reunión festiva con sus amistades, se fijen en el contenido de las anécdotas que amenizan los postres y las copas: gran parte de las mismas procederán de «equivocaciones», «meteduras de pata» y similares cometidas por amistades y familiares en diversas situaciones de su vida; los comensales se ríen, una vez más, compartiendo esos errores con humor, desdramatizándolos, *reciclándolos* socialmente. «Es un error tratar de esconder o disimular nuestros defectos, porque son ellos precisamente los que nos hacen únicos y más humanos a los ojos de las demás personas», asume Clarice Lispector. Se disfruta con las amistades en buena parte al reconocer y comentar su «imperfección», en definitiva. De hecho, las personas que intentan parecer perfectas suelen suscitar reacciones de rechazo y desconfianza; decía Hermann Hesse que quienes se consideran perfectos es porque se exigen poco a sí mismos. Si la felicidad es el objetivo primordial de la existencia humana —según Aristóteles y otros pensadores eudemonistas—, los fracasos, bajo tal perspectiva «humorística», aportan sanas dosis de la misma.

Sabido es además que la *autoironía* —reírse de uno mismo a solas o con amistades— es un magnífico indicador de salud mental, muy em-

---

[3] *El Mundo,* 18 de septiembre de 2025, p. 46.

parentada con la autoindulgencia —capacidad de disculparse por los propios errores, sin darles más importancia que la oportuna y pasajera— y con la *inteligencia emocional intrapersonal* de la que habla Goleman (1996), inspirándose a su vez en esa *autoaceptación* que Stone y Dillehunt (1978) consideran componente básico de la competencia emocional: las personas «envaradas», que de mala gana aceptan bromas sobre sí mismas y se muestran alérgicas a cualquier autocrítica —incluso en tono jocoso— transmiten impresión de inseguridad, de pretender ocultar algo, tal vez complejos.

Y no solo en este evidente sentido social: el fracaso además es altamente productivo, tanto en la dimensión profesional —qué mejor pedagogía—, social —por lo que se acaba de relatar— como en la faceta *artístico-cultural,* fácil de comprobar con esta simple reflexión: ¿qué tipo de experiencias integran la mayor parte de las canciones, de los poemas[4], de las películas, de las novelas y de otras obras? ¿Argumentos de éxito o de fracaso? Una breve revisión sobre las creaciones culturales que recordemos nos aportará la respuesta. De Villena (1997) puede ayudarnos con su repaso de las biografías «atormentadas» de tantos pintores, escritores[5], actrices y actores, cantantes…

1.3. El fracaso desde una perspectiva de evolución y creatividad

Al pensar en creaciones se revela obvia la vinculación del fracaso con el rasgo humano que facilitó su evolución diferenciada respecto a otras especies muy próximas, como los primates: la *creati-*

---

[4] Los dos temas universales de la poesía se resumen en el paso del tiempo —hacia la muerte— y el fracaso amoroso. Neruda los reúne en dos versos: «Es tan corto el amor / y es tan largo el olvido».

[5] Es recomendable leer los breves relatos autobiográficos de dos escritores de gran éxito: *A salto de mata: crónica de un fracaso precoz,* de Paul Auster (Anagrama), y *Vivir bien la vida: los beneficios inesperados del fracaso y la importancia de la imaginación,* de J. K. Rowling (Salamandra).

vidad (Arsuaga, 1999). El antropólogo Agustín Fuentes (2018) expresa así esta «gratitud evolutiva»:

> Fue la capacidad de superar el fracaso de maneras nuevas lo que permitió a los *Homo* primitivos abrirse paso por África y salir de este continente hace cientos de miles de años. Imagine el lector cuántas veces pequeños grupos de ancestros humanos debieron intentar elaborar un utensilio lítico funcional o una lanza de madera, o comunicarse a propósito del carroñeo activo, de mejores canteras o de maneras de evitar a los depredadores... y fracasaron una y otra vez. A nuestros antepasados les tomó un millón de años de esfuerzo aprender a controlar el fuego y cazar animales grandes; les llevó otro medio millón de años imaginar cómo pintar sus relatos en las paredes de cuevas. La historia humana se ha construido mucho más con fracasos que con éxitos.

Por otra parte, la necesidad aguza el ingenio, se oye muy a menudo; sirva de muestra entre miles este ilustrativo ejemplo que citan Rabadán y Corbalán (2011) en sus talleres y cursos sobre técnicas para generar ideas: Bernard Sadow perdió un vuelo en 1970 al no poder acarrear con celeridad su abultado equipaje familiar, ya que, como ahora, los carros metálicos rodantes del aeropuerto no podían pasar a la zona de embarque; ideó entonces una solución: maletas con ruedas. Presentó un prototipo casero a varias empresas neoyorquinas —padeciendo experiencias de rechazo/fracaso— hasta que Macy's apostó por aquel extraño invento, cuya patente ha generado a Sadow notables ingresos, dado que el sistema no se usa ya solo para maletas; también para carritos de compra, carteras escolares, etc.

1.4. Formación para gestionar el fracaso: una iniciativa pionera

En el intento de paliar esta enorme deficiencia en nuestra preparación vital, en los últimos años han aparecido una serie de iniciativas —Fombella (2013) revisa algunas de ellas— en torno a lo que puede resumirse como «pedagogía del fracaso», esto es, su valor dentro de un proceso natural de aprendizaje, alejando la consideración del mismo como un estigma personal y/o profesional. Aquí encajan las charlas-taller y los cursos monográficos dedicados a formar en lo que se viene denominando en el texto *gestión del fracaso.*

La incorporación de esta línea formativa a los cursos de habilidades sociales y directivas es ya una propuesta obligada, que avala en gran medida su inclusión como *modelo de buena práctica* dentro del proyecto REBORN 2017-2020 de la Comisión Europea, a partir de la citada oferta formativa pionera[6] en 2015. Si el miedo al fracaso es el principal «argumento» que presentan los europeos para no emprender (Ferrero, 2012), este proyecto va un paso por delante, pues sus tres líneas estratégicas se orientan hacia el reemprendimiento, ayudando a personas emprendedoras a recuperarse tras un fracaso en tres sentidos o ejes de acción: emocional, financiera y creativamente[7].

A enriquecer esta perspectiva sobre el «reciclaje del fracaso» han contribuido también tendencias al alza, entre ellas ese movimiento científico y empresarial bautizado como *errorismo,* resumido en la expresión *el acierto del error* y asentado sobre esta reflexión: «El verdadero fracaso es equivocarse sobre lo que significa equivocarse, ver en esto un fallo moral y no un gesto inseparable —un síntoma— de cualidades como valor e imaginación»[8]. «Una vida pasada cometiendo errores no es solo honorable, sino mucho más útil que una vida gastada sin hacer nada», abunda George Bernard Shaw. Dichas tendencias «optimizantes» se ilustran con frases al estilo de aquella famosa de Alva Edison sobre las casi mil formas en que no se debe fabricar una bombilla, asumiéndolas como un «peaje» del camino hacia el éxito. Bien resumía tal actitud Wins-

---

[6] Fue el primer curso extendido —25 horas— sobre *Gestión del fracaso,* desde julio de 2015; alcanza ya cinco ediciones, la más reciente en julio de 2025.

[7] En este innovador proyecto europeo han participado como consejeros/ *stakeholders* Rosa Mª Vigueras, Pedro-Juan Martín y Rafael Rabadán, autores de esta obra.

[8] https://www.elmundo.es/sociedad/2017/01/03/585d5654ca4741d8378 b45c7.html

ton Churchill, otro fracasado[9]: «El éxito es la habilidad para ir de fracaso en fracaso sin perder el entusiasmo»[10].

1.5. Rentabilidad del modelo *fracasOportunidad* y diferencias culturales

Como modesta aportación a todo esto, el equipo coordinado por los profesores Martín y Rabadán propone el expresivo binomio *fracasOportunidad:* cada error, cada experiencia fallida, debe contemplarse como una nueva ocasión para aproximarse al éxito. La *positivización* del fracaso es una opción inteligente y necesaria, a menudo triunfadora; es lo que tratan de demostrar estos profesionales mediante sus cursos y publicaciones. «Sin aceptar el fracaso como parte de un todo y una pieza esencial en cualquier proceso de éxito, ningún progreso sería viable ni perdurable en el tiempo que nos ha tocado vivir», resume García-López (2015). Sobre la gestión de las «efes hermanas» —frustración y fracaso— añade Rabadán (2022) que la «resistencia/tolerancia a la frustración sin duda se fortalece si se asimila el fracaso como una oportunidad de aprendizaje y mejora, otra habilidad en la que conviene educar».

La demanda formativa e informativa es tal que se ha creado una nueva palabra para designar el miedo al fracaso, *atiquifobia,* que como toda fobia implica una reacción excesiva, una respuesta irracional ante el estímulo o la situación que la genera; se define como «un persistente, anormal e injustificado miedo a fracasar, a equivocarse o a cometer errores»[11]. El tercer capítulo se centrará en esta fobia y en posibles opciones para su tratamiento y superación, incluyendo su «complementaria» *fobia al éxito.*

---

[9] Así se sintió él a menudo, por ejemplo, tras el desastre de Galípoli en 1915 y al perder las elecciones pese a su meritoria tarea en la II Guerra Mundial.

[10] Frase que, con buen tino, aparece realzada en una pared lateral del salón de actos del CEEIM.

[11] https://www.elmundo.es/f5/comparte/2018/10/07/5bb779b346163fa05e8b45aa.html

Si antes se ha citado el caso español, Celia Ferrero (2012) considera este miedo «intrínseco a la sociedad y cultura europeas», convirtiéndose en el principal argumento de los europeos para no emprender, lo que llega a degenerar en una «anticultura del éxito». Aporta una reflexión de Henry Miller en su famosa novela *Trópico de Cáncer* (1934): «Allí —en Estados Unidos— no piensas en otra cosa que en llegar algún día a ser presidente de la nación; en potencia, todos tienen madera de presidente. Aquí —en Europa— es diferente, aquí todos los hombres son un cero a la izquierda; si llegan a ser alguien, es un accidente o un milagro».

Tales *diferencias transculturales* en la percepción del binomio éxito-fracaso son a veces obvias, influyendo las mismas sobre la disposición de las personas para asumir riesgos, innovar y perseverar en sus proyectos. Asumir estas diferencias resulta clave para desarrollar una mentalidad más abierta y resiliente ante los errores y fracasos durante el proceso de emprendimiento.

Así, como se ha señalado, en Estados Unidos el fracaso se considera una experiencia valiosa, una fase normal de camino al éxito. Sin embargo, en países asiáticos —como Japón y Corea del Sur— el fracaso está muy estigmatizado, especialmente en el ámbito profesional y académico, asociándose incluso con una pérdida del honor, lo que genera gran presión para evitar errores y lleva a emprendedores a temer que un negocio fallido no solo destruya su reputación profesional sino también la de su familia; en Europa, sobre todo en España y otros países mediterráneos, también está a menudo estigmatizado, lo que disuade a muchas personas de emprender y, por supuesto, de reemprender[12]; en Latinoamérica tal miedo suele estar relacionado con la falta de redes de apoyo y la existencia de contextos económicos inestables.

---

[12] Uno de los autores recuerda este comentario que escuchó en su infancia: para que alguien pueda escalar un muro alto, en Alemania otras personas arrimarán su hombro para servirle de apoyo; en Estados Unidos no le ayudarán, pero cuando consiga llegar arriba le aplaudirán; en España, tratarán de disuadirle de que lo intente, incluso tirarán de esa persona hacia abajo cuando empiece a escalar.

Este manual pretende enseñar a romper con el miedo al fracaso y fomentar una mentalidad de crecimiento independiente del entorno cultural.

1.6. El fracaso como antesala del éxito: un nuevo valor en el CV

Las experiencias de fracaso, bien «recicladas», pueden incluso dar *caché* al currículum vitae —la pregunta al respecto en la entrevista de selección de la prestigiosa Harvard Business School es un ejemplo[13]— y, en el futuro, relatarse como una anécdota en charlas con amistades, según se apuntó más arriba. Albert Riba, profesor en EADA y en la Universidad Ramón Llull, ha propuesto que dentro del lustroso currículum vitae debería incorporarse un *currículum fracasional,* describiendo los errores profesionales de cada cual y el aprendizaje derivado de los mismos, con la idea motriz de que la persona fracasada no es la que intenta algo y cae, sino la que ni siquiera lo intenta.

Pedro-Juan Martín, experto en la capacidad de emprender, con múltiples experiencias extraídas de su dilatada vida profesional tanto en el ámbito privado como en el público, resumía así en una entrevista[14] el indudable interés de la línea formativa propuesta aquí para emprendedores: «Actualmente las empresas e instituciones se esfuerzan en ser más innovadoras, por lo que deben arriesgar más; de esta forma, aumenta la probabilidad de cometer errores, por ello saber gestionar el fracaso se convierte en un factor clave».

El riesgo al fracaso es sin duda implícito a la ambición. «Quien piensa a lo grande se equivoca a lo grande», sentenció Heidegger.

---

[13] En su exigente prueba de acceso pide a las personas candidatas que relaten un episodio propio de fracaso y lo que aprendieron del mismo; cuando alguna dice que nunca ha fracasado, es rechazada (por mentirosa o por afectada de problemas de memoria).

[14] *La Verdad,* 30 de enero de 2019, p. 14.

En su conocido ensayo sobre la excelencia, Peters y Waterman (1984) reúnen multitud de testimonios de emprendedores según los cuales el fracaso es consustancial al éxito y la prosperidad, como el del fundador de Johnson & Johnson: «Si no estuviera cometiendo equivocaciones, es que no estaría tomando decisiones». La tolerancia ante el fracaso es un rasgo definitorio en la cultura de las empresas sobresalientes; las «campeonas» realizan gran cantidad de pruebas, con abundantes fracasos, aprendizajes que marcan la senda del progreso. Señalan también los autores que cuando en el seno de la organización existe diálogo, el fracaso es menor; la comunicación fluida entre los empleados, intercambiando todas las novedades —incluidas las «malas»—, es básica para la mejora.

En esta *condescendencia explícita con el fracaso* aparece el ejemplo, cómo no, de Steve Jobs, quien presumía de crear entornos donde las personas pueden cometer errores y aprender de ellos. Así, David Drummond, *número dos* de Google, presume de la «cultura del fracaso rápido» que impera en Silicon Valley: poner en práctica una idea o proyecto y, si no funciona, probar de otra manera o probar otra cosa con agilidad, sin estancarse.

Fuentes (2018), aunando deportistas y científicos, contempla el fracaso como un *requisito* del éxito: «La mayoría de los científicos se equivocan la mayor parte del tiempo, y casi todos los atletas fracasan la mayoría de las veces que intentan marcar un gol, acertar en la diana o encestar. Reúnase a cualquier grupo de científicos, atletas o artistas excepcionales y pregúnteseles si han experimentado más éxitos o más fracasos, y dirán que lo segundo. Ser humano, intentar ser creativo, requiere fracasar a menudo».

El fracaso y el error siempre como peajes necesarios, piezas clave para el aprendizaje y el éxito. Lo resume en una entrevista el cirujano reconstructivo Pedro Cavadas, considerado uno de los cien mejores médicos del mundo, en cuya clínica de Valencia y en otros lugares ha realizado trasplantes y reconstrucciones faciales y corporales que desafiaban los límites de la ciencia[15]: «Casi todas las co-

---

[15] *El Mundo*, 27 de agosto de 2024, p. 36.

sas buenas que he hecho en la vida han sido por error; intentando hacer algo salió a menudo otro resultado que resultó perfecto».

En fin, como advirtió el entrenador Vince Lombardi, «el único lugar donde el éxito viene antes del fracaso es en el diccionario».

1.7. Algo más sobre fracaso y deporte

Así, la escritora Rosa Montero (2016) propone una afilada reflexión, fácil de visualizar, sobre la importancia de asumir y superar el sentimiento de fracaso ante un objetivo que se ha preparado durante años:

> En los Juegos Olímpicos de Río de Janeiro participaron 11.551 atletas de más de 200 países; solo un 10% consiguió medalla. Ahora piensen en esos miles de participantes que perdieron. Piensen, sobre todo, en los que quedaron en los cuartos puestos, tal vez a una milésima de segundo del bronce. Nadie se acordará de ellos. Probablemente llevaban cuatro años, o más, viviendo única y exclusivamente para llegar a Río. Un dilatado tiempo de sacrificio. Y es posible que ya no puedan alcanzar los próximos Juegos. Eso sí que es fracasar por todo lo alto. ¿Y saben qué? Los admiro. Los admiro aún más que a los ganadores. Pienso que la prueba a la que se enfrentan es más difícil. Una hazaña doblemente heroica por anónima.

Pero incluso en la trayectoria de deportistas de éxito ha anidado con fuerza el fracaso. Ejemplo claro es el de Rafael Nadal, quien, tras dos años prácticamente retirado de las canchas a causa de graves lesiones, cuando se le daba por «desahuciado» para la alta competición regresó para ganar más torneos, sumando al final, entre otros, 22 títulos de Grand Slam[16]; esta frase suya en una entrevista resume su visión: «Si no pierdes, no disfrutas igual de las victorias». Al ser investido Doctor *Honoris Causa* por la Universidad de

---

[16] Calificado a veces como el mejor deportista español de la historia; uno de los mejores, sin duda.

Salamanca en octubre de 2025 dijo que «aceptar la derrota, aprender de ella y esforzarse para volver a levantarse es una de las lecciones más valiosas que aprendí con el paso del tiempo». Ahí queda la imagen de este titán del esfuerzo y la superación cada vez que gana un partido: la raqueta al aire y él al suelo, como si fuese la primera victoria de su vida. «Criado en los valores de la disciplina y de no buscar excusas, Rafa es de esas pocas personas que saben gestionar la frustración y el fracaso», opina la psicóloga Icíar Eraña[17]. A tan brillante gestión se han dedicado artículos de prensa (Rabadán, 2021).

Nadal y Federer leyeron el famoso poema *If/Si...* de Rudyard Kipling —escrito en 1895— durante la promoción de la épica final de 2008 entre ambos en Wimbledon, dos de cuyos versos aparecen pintados sobre la entrada a la pista central de este torneo: «Si puedes encontrarte con el éxito y el fracaso / y tratar a esos dos impostores de la misma manera...»; tratarlos al estilo británico, con indiferencia, sin excitarse ni padecer por ellos.

Otro caso que merece especial atención en el tenis español es el de Paula Badosa. Siendo una extraordinaria jugadora infantil —campeona junior de Roland Garros— se hundió debido a un cuadro agudo de ansiedad y depresión, en gran parte generado por las «expectativas desmesuradas» hacia ella, que le hacían sentir excesiva presión y miedo. Sin embargo, hace pocas temporadas comenzó a remontar hasta ganar varios torneos importantes y situarse en abril de 2022 como 2.ª del *ranking* mundial WTA. Andrés Aragón resume su epopeya en un artículo de significativo título[18].

Atención merece asimismo la autobiografía de otro tenista, Andre Agassi (2014), un ganador de ocho títulos de Grand Slam que arrastraba problemas de fracaso familiar —con su padre— y escolar. Sobre el recuerdo de ganar el primero de estos títulos —Wimbledon en 1992— anota esta reflexión: «Las victorias no nos hacen

---

[17] *El Mundo,* 12 de junio de 2018, p. 70.

[18] «Paula Badosa, el renacer de un juguete que parecía roto». *El Mundo,* 12 de abril de 2021.

sentir tan bien como mal nos hacen sentir las derrotas, las buenas sensaciones duran menos que las malas». En una ocasión, tras derrotar con una «paliza» a un rival novato le preguntaron si se sentía mal; respondió que «jamás privaría a nadie del aprendizaje que supone perder».

En fecha tan reciente como el 30 de enero de 2026, mientras se concluía la redacción de este manual, llegó otra lección desde el mundo del tenis sobre el valor de resistir sin rendirse. El tenista murciano Carlos Alcaraz juega una semifinal del Open de Australia frente al alemán *Sascha* Zverev. El español gana por dos sets a cero cuando, a mitad del tercero, sufre un fuerte calambre que le impide seguir jugando con plenas facultades; durante muchos juegos apenas puede mover las piernas, solo los brazos. Contra todo pronóstico, resiste y acaba ganando de forma épica el partido, tras el que hace esta declaración:

> Cuando era adolescente había partidos en los que no luchaba lo suficiente, me rendía, y luego me pasaba días pensando qué podía haber hecho más; ese pensamiento me mataba. Por eso ahora nunca quiero darme por vencido. Sé que cada segundo de lucha vale la pena y que es muy importante estar orgulloso de sí mismo al día siguiente. He creído en mí en todo momento.

Dos días después, Alcaraz gana dicho torneo frente a Novak Djokovic, convirtiéndose así en el tenista más joven de la historia en completar el Grand Slam.

1.8. Epílogo: «patitos feos», moratones, fracasología y enseñanzas

Nadal, Badosa, Agassi y Alcaraz encarnan el concepto de *resiliencia*, la capacidad de recuperarse de un fracaso o situación adversa[19], por lo que los expertos en psicología positiva insisten en el de-

---

[19] Capacidad adaptativa de un ser vivo frente a un agente perturbador/estado adverso *(Diccionario de la RAE)*.

sarrollo de actitudes resilientes. Resulta fundamental aludir al papel de los adultos como «tutores de resiliencia» para aquellos menores —y no solo menores[20]— que Cyrulnik (2002) llama *patitos feos*. Ceberio (2014) amplía el símil del cuento infantil al concepto *cenicientas*.

Otro modelo de resiliencia y *patito feo* fue el futbolista croata Luka Modric. Con una dura infancia, en la que sufrió la Guerra de los Balcanes —donde perdió a familiares— y un físico enclenque, descubrió que un balón podía ayudarle a superar tales adversidades, como relata en su autobiografía[21]. El resto es conocido: varias Copas de Europa, Balón de Oro, subcampeón mundial…

Procede aquí un inciso para mencionar el ensayo de Elvira Roca con el título *Fracasología* (premio Espasa 2019), donde la filóloga —conocida por sus exitosas tesis contra la *imperiofobia* y la leyenda negra españolas— se centra en un análisis de los tópicos de cierta hispanofobia que se han ido asumiendo —sin base histórica ni racional— en este país, asociándose así desde el siglo XVIII a la imagen de España conceptos negativos como decadencia, fracaso y anomalía, acentuados incluso por algunos intelectuales (por ejemplo, la Generación del 98). En apoyo de su propuesta cita, entre otras personalidades, a la brillante historiadora Carmen Iglesias (2008): «Somos un pueblo cuyas élites han interiorizado en mayor o menor medida la leyenda negra de su pasado a veces en un ejercicio de autoflagelación y de cierto complejo de inferioridad que no deja de asombrar a los extranjeros».

A modo de epílogo y para terminar con el mismo autor con que abríamos el capítulo, Marina (2024), en un ensayo reciente, partiendo de la constatación de que generalmente en el conflicto se busca la derrota del oponente, por tanto no una solución —satisfactoria para ambas partes— sino una victoria, propone cultivar una «disposición al aprendizaje», esto es, asimilar que de cualquier

---

[20] La misma tenista reconoció haber salido del «túnel negro» gracias a la ayuda de psicólogos y de su entrenador de entonces, Xavier Budó.

[21] Modric, L. (2020). *Mi partido*. Roca Editorial.

situación podemos extraer una enseñanza y afrontar así el conflicto —que implica siempre un tipo de fracaso— con una humildad que predispone a aprender y a ser más tolerantes con las ideas y los motivos de la otra parte. En consonancia, Marina a lo largo de su pedagógica obra viene reivindicando foros como la «universidad de padres» y la «escuela para ciudadanos».

Recapitulando todo lo anterior, en la tesitura de quedarse con un par de reflexiones entre las abundantes dedicadas al fracaso, excelentes candidatas serían una propuesta por el poeta John Sinclair, «*Failure is a bruise, not a tattoo*» (el fracaso es un moratón, no un tatuaje), y aquella enseñanza de fuente apócrifa según la cual unas veces se gana y otras en cambio… se aprende.

2

COMPRENDER EL FRACASO COMO PARTE DEL PROCESO EMPRENDEDOR

«He fracasado muchas veces antes de conseguir el éxito.»

MICHAEL JORDAN

«Uno nace realmente en el momento en que,
tras haber estado desesperado por primera vez en su vida,
lo supera.»

EMILIO GAVILANES

2.1. Emprender y reemprender

En nuestra existencia podemos observar un ciclo constante de éxito y fracaso. Hay proyectos que nos salen bien y otros que son un verdadero desastre. Incluso algunos ni siquiera llegan a salir porque no nos atrevemos a iniciarlos. Esta situación, aunque debería entenderse como parte natural del camino, no siempre se acepta así. En nuestra cultura sigue muy presente la idea de que, si uno hace bien las cosas y tiene un poco de suerte, lo normal es que todo funcione. Pero la vida no es tan simple. Hay muchas situaciones donde, aunque pongamos todo de nuestra parte, las cosas no salen como esperábamos. Lo queramos o no, el fracaso forma parte de nuestra vida. Nadie se libra de él.

Es muy habitual, sobre todo en las novelas y en el cine, encontrarse con personajes a los que todo les sale bien desde el principio. Gente con talento, con suerte o con una especie de estrella que los acompaña siempre en el momento justo. Suelen alcanzar sus sueños sin apenas tropezar, como si la frustración y el error no existieran en su camino. Pero la vida real no funciona así. La vida real está hecha de intentos, de dudas, de cosas que no salen como uno quería y de fracasos que duelen. Por eso es importante recordarlo: no hay biografía sin caídas, y no hay proceso de aprendizaje que esté libre de equivocaciones.

Por ello, conviene prepararse para saber que no todo va a salir bien. O, al menos, no a la primera. Hay un tanto por ciento de nuestras acciones que no conseguirán el objetivo para el que fueron planificadas. Esto forma parte del juego, y cuanto antes lo aceptemos, mejor. No se trata de ser pesimistas, sino de ser conscientes. Porque cuando uno parte de esta idea, las frustraciones no se convierten en frenos, sino en señales para reajustar el camino.

La actividad emprendedora en los negocios es, precisamente, un escenario ideal para tomar conciencia de que todos cometemos errores y, por lo tanto, todos podemos fracasar. Da igual el país, el sector o la edad de quien emprende. Cuando alguien pone en marcha un negocio, tiene que saber que es más fácil que no salga bien. No lo decimos por desanimar, sino porque es lo que ocurre. En la mayoría de los casos, las cosas no funcionan a la primera. Hay obstáculos, decisiones que no salen como se esperaban y factores que uno no puede controlar. Sin embargo, en la mayoría de los libros y programas de formación para emprendedores no se dedica ni un solo apartado a preparar a las personas para enfrentarse al fracaso. Como si no existiera.

En este sentido, esperamos que este capítulo sea de gran apoyo y fuente de inspiración para aquellas personas que quieran emprender y todavía no se hayan atrevido, así como para aquellas que ya probaron suerte y fracasaron, pero que quieren volver a intentarlo. Hay que tener en cuenta que la gran mayoría de nuestros actuales y futuros emprendedores va a tener que pasar por la experiencia del fracaso; por ello nos gustaría que tuvieran herramientas para poder afrontarlo y gestionarlo adecuadamente. De esta forma podremos tener emprendedores profesionales, conscientes de que los triunfos no se improvisan ni se obtienen por los caprichos de la diosa Fortuna (Wasserman, 2008).

El emprendimiento es necesario para cualquier sociedad, porque impulsa el crecimiento desde la iniciativa personal y también desde los proyectos colectivos. Pero si hablamos con claridad, también hay que decir que no es un camino fácil. Hay una relación muy estrecha entre emprender y fracasar. Por ejemplo, en la Unión Europea el 50% de las empresas no superan los cinco primeros años de vida (GEM, 2025)[1]. Esto no es una opinión, son datos. Por eso, si queremos que una sociedad avance y se modernice, necesitamos preparar mejor a las personas que deciden emprender. Pero no solo en la parte técnica o financiera, sino también en el ámbito emocional. Una de las habilidades que más falta hace es la resiliencia (Barrón y Sánchez, 2022). La capacidad de encajar el golpe, de resistir y volver a empezar. Porque cuando alguien consigue superar un fracaso, no solo gana experiencia: aumenta de verdad sus posibilidades de éxito.

La forma en que cada sociedad vive el fracaso marca una gran diferencia. Hay países donde equivocarse se ve como algo normal, incluso necesario. Por otro lado, hay otros países, como el nuestro, donde sigue siendo algo mal visto. En España, cuando una persona fracasa, lo más frecuente es que se le cierre una puerta. Se tiende a pensar que quien no ha tenido éxito es porque no ha valido. Esto es un problema serio. Porque con esa idea es difícil que alguien se atreva a intentarlo de nuevo. Por eso necesitamos un cambio profundo en cómo entendemos el fracaso. No se trata de aplaudir el error, sino de dejar de castigarlo. Para ello, sería importante que en los cursos para emprendedores se hablara de esto desde el principio. Igual que se habla de tener un plan de negocio o una estrategia de marketing (Munuera y Rodríguez, 2006), habría que hablar de cómo gestionar los tropiezos.

Cuando hablamos de reemprender después del fracaso, no podemos olvidar que el proceso no es solo económico. A veces, lo más complicado es lo emocional. Después de un fracaso, muchas veces uno se queda con la sensación de que no fue suficiente, de que no dio todo lo que podía. Es normal sentirse así. Lo importante es reconocer esa sensación, no ignorarla, pero no dejar que sea

---

[1] Global Entrepreneurship Monitor (2025).

lo único que defina la situación. Reemprender es, en parte, un acto de valentía, pero también de humildad. Es entender que, aunque no todo haya salido bien, se tiene la capacidad de empezar de nuevo. Y lo mejor de todo: con más experiencia. Porque el fracaso no solo te deja enseñanzas profesionales. También enseña a conocerse mejor, saber cuáles son tus límites y qué estás dispuesto a arriesgar para seguir adelante.

Uno de los miedos más comunes cuando alguien emprende no tiene tanto que ver con perder dinero, ni siquiera con el esfuerzo que exige un proyecto. Lo que más cuesta muchas veces es asumir el fracaso delante de los demás. Reconocer que algo no ha salido bien. Que se ha cerrado una etapa, un negocio, una ilusión. Y no es solo el hecho en sí: es todo lo que uno imagina que pensarán los otros. La familia, los amigos o los conocidos. Esa sensación de haber defraudado, de que te miran con lástima o con juicio. A veces no es cierto, pero basta con pensarlo para que nos paralice. Por eso es tan importante poder hablar del fracaso con naturalidad. Sin esconderlo, sin avergonzarse, sin que se convierta en una carga que uno arrastra en silencio.

Hay quien va por la vida creyendo que, si pone todo de su parte, las cosas saldrán bien. Pero eso estaría bien si fuera cierto. Pero no lo es. A veces haces lo que toca, te esfuerzas, pones ilusión y no funciona nada. Pensar que todo depende solo de uno mismo es una idea bonita, pero peligrosa. Porque cuando fallas, te lo echas todo encima. Como si no hubieras estado a la altura. Pero eso no es así. El error no siempre tiene una explicación clara. A veces simplemente forma parte del camino y cuanto antes lo aceptemos, más fácil será volver a intentarlo.

Durante mucho tiempo se vendió la idea de que lo normal era trabajar en un sitio toda la vida. Tener seguridad, una nómina estable y un recorrido sin sorpresas. Pero eso ya no es así. Ahora hay muchas personas que, en lugar de seguir ese camino, prefieren apostar por algo que tenga sentido para ellas. Algo que las motive. En ese nuevo escenario, el emprendimiento aparece como una posibilidad real, pero también exigente. Porque no todo el mundo está preparado para convivir con la incertidumbre. Muchos lo intentan y no lo consiguen a la primera. Algunos lo dejarán pasar por miedo y otros lo lograrán después de varios intentos. Precisamente a este grupo pertenecen los que están dispuestos a fracasar y, por lo tanto, son conscientes del riesgo que asumen. Esta es la razón por la que al final, después de cometer errores y fracasar, suelen triunfar, ya que todos los fracasos de una u otra manera, con el tiempo, pueden transformarse en aprendizaje que nos señala el camino hacia el éxito.

2.2. La gestión del fracaso en el proceso de innovar y emprender

Innovar no es solo una palabra bonita que queda bien en los discursos empresariales. Es una necesidad. Pero también es una fuente constante de incertidumbre. Porque, aunque parezca que la innovación siempre lleva al éxito, lo cierto es que muchas veces no lleva a ninguna parte. O, mejor dicho, nos lleva directamente a un buen tropiezo. Y ahí es donde empieza lo interesante.

La mayoría de empresas intentan crear nuevos productos o servicios para captar la atención del mercado, llegar a nuevos clientes o simplemente no quedarse atrás. Pero no todas lo consiguen. A veces porque no entienden bien qué quieren los clientes. Otras porque no han detectado con claridad quién es su competencia real. Y muchas veces porque innovar es difícil, más de lo que nos cuentan. No hay fórmulas mágicas.

Según el Informe GEM (2025), casi el 80% de los productos nuevos fracasan durante los tres primeros años. Da igual si son innovaciones radicales o simples mejoras. En una economía global donde el consumidor tiene acceso a todo y exige más que nunca, acertar se ha convertido en un reto constante (Westphal y Zajac, 1994).

Ahora bien, si esto es así, ¿por qué seguimos innovando? Porque hay algo que la mayoría no cuenta: en cada innovación fallida hay una oportunidad de aprendizaje. Y no lo decimos como consuelo barato, sino como parte del proceso real. David Soulsby lo resume con claridad: «La innovación va siempre de la mano con el fracaso, porque forma parte del proceso de creación».

Los errores pueden venir por muchas razones, pero hay dos grandes grupos donde suelen concentrarse: problemas con las personas y fallos en los procesos. Lo explicó bien Fernando Trías de Bes en su obra *El libro negro del emprendedor* (2007), donde explica que el fracaso empresarial no siempre obedece a factores externos o al azar, sino que suele deberse a errores cometidos por las propias personas (decisiones, actitudes o relaciones) o a fallos en los procesos internos de gestión del proyecto. Comprender esta dualidad resulta esencial para prevenir y gestionar el fracaso de manera consciente.

TABLA 2.1

Causas más comunes de fracaso en innovación (personas)

- Mal uso de los recursos humanos y materiales.
- Falta de empoderamiento real en los equipos.
- Poco reconocimiento de los logros, incluso parciales.
- Equipos poco cohesionados o mal integrados.
- Poca actualización en conocimientos y habilidades.
- Fijación por lo que ya funciona, dejando de lado lo nuevo.
- Estructuras internas que compiten en lugar de colaborar.
- Jefes de área que no se implican porque «les quita tiempo».

Lo importante no es solo saber que estas cosas pasan, sino preguntarse si están pasando ya en nuestra propia empresa. Porque si uno no las detecta, las repite.

Cuando una empresa decide sacar un producto nuevo, lo está apostando todo. Innovar es jugar fuerte. Pero también puede salir mal. Y no hay problema con eso, siempre que se sepa qué hacer después. Porque ahí es donde muchas veces se marca la diferencia entre una empresa que se hunde y otra que se levanta más fuerte.

Una forma de verlo claro es en la tabla 2.3, donde se exponen las causas más repetidas de fracaso en nuevos productos.

TABLA 2.2
Causas más comunes de fracaso en innovación (procesos)

- No existe un proceso común de innovación.
- Falta de una estrategia clara.
- Mala comunicación entre áreas y niveles.
- Poco enfoque en lo que pide el mercado.
- Evaluaciones mal hechas o que directamente no existen.
- No se revisan los avances por etapas.
- La dirección no respalda de verdad los proyectos nuevos.
- Los requisitos del producto no están bien definidos.
- No se usa una metodología válida ni para liderar ni para coordinar.

TABLA 2.3
Las 10 causas más comunes de fracaso en nuevos productos

- Falta de apoyo real por parte de la dirección.
- Ausencia de una estrategia clara de innovación.
- Comunicación interna deficiente.
- Poco contacto con el mercado y sus cambios.
- No hay validación en las fases del proceso.
- Evaluaciones pobres o inexistentes.
- Falta de consenso entre áreas.
- No se usa una metodología estructurada.
- Obsesión por mantener lo que ya funciona.
- Áreas que compiten en vez de colaborar.

Y entonces ¿qué hacemos cuando un producto falla? Aprender. Observar con detalle. No buscar culpables, sino explicaciones. Cambiando lo que haga falta. Hay ejemplos muy ilustrativos:

- **Amazon,** por ejemplo, lanzó el *Fire Phone* con muchas expectativas. Pero fue un fracaso. Precio alto y pocas aplicaciones. Sin embargo, de ahí surgió *Alexa,* un producto que revolucionó su catálogo. ¿Por qué? Porque analizaron bien qué había fallado y lo cambiaron.

- **Google** también lo vivió. Sus gafas inteligentes no funcionaron como producto de consumo. Pero redirigieron su uso hacia sectores industriales y médicos, donde sí encontraron utilidad. Supieron girar a tiempo.
- **Grupo Pascual** lo hizo cuando notó que bajaban las ventas en sus productos tradicionales. En lugar de insistir, apostaron por bebidas vegetales y productos más naturales, volviendo a conectar con los nuevos hábitos del consumidor.

Los tres casos tienen algo en común: supieron transformar el tropiezo en un nuevo camino. No taparon el error, lo aprovecharon.

Para que eso ocurra, hay algunos pasos que conviene tener claros:

- Aceptar el fracaso, no esconderlo ni maquillar los datos.
- Analizar con honestidad, sin señalar personas, pero sí procesos.
- Hablar abiertamente del tema dentro de la empresa.
- Ajustar la estrategia: mercado, producto o forma de comunicar.
- Adoptar metodologías ágiles, como Scrum, que permiten avanzar paso a paso, revisar y corregir rápido.

Pero, sobre todo, dejar claro que innovar no es tener ideas brillantes. Es tener capacidad de probar, fallar, ajustar y volver a intentarlo. Con cabeza, con equipo y con humildad. Porque el fracaso no es el final de nada. Es el inicio de algo que puede ser mejor.

Hay estudios recientes que indican que más del 75% de los productos nuevos desaparecen en el mismo año que salen al mercado. Es una cifra alta, sí. Pero también una oportunidad para hacer las cosas de otra manera. El fracaso puede ser una brújula, no un muro.

Para eso, hay que construir una cultura que no castigue al que se equivoca, sino que le escuche. Que entienda que el aprendizaje vale más que el acierto puntual. Si una empresa aprende a hacer eso, está en el camino correcto. Porque no se trata de no fallar nunca, sino de hacerlo mejor cada vez.

2.3. Aprender a gestionar el fracaso para triunfar en tu negocio

A estas alturas del capítulo, ya se ha insistido bastante en que el fracaso forma parte del proceso. Pero conviene volver a decirlo, porque todavía cuesta asumirlo. El fracaso no es el final. Es un paso más. Un paso en ese camino raro, a veces incierto, que hay que dar para que un negocio funcione. Puede doler, sí. Puede desmontar muchos planes. Pero también puede enseñarnos más que cualquier máster.

Vis Molina, en la obra *Aprender a emprender* (2013), ante la pregunta sobre cuáles son los rasgos característicos y los aspectos comunes de las personas emprendedoras, traza este retrato de lo que llama «su ADN»:

> Aceptan que la aventura implica, a menudo, enfrentarse al fracaso, y cuando se encuentran con él lo asumen con humildad y serenidad. Son hábiles e intuitivas para identificar las oportunidades, se fijan en su entorno y son sensibles a las necesidades de los demás, lo que les permite detectar dónde puede haber un nicho de mercado. Sienten pasión por lo que hacen (…). Son curiosas y están abiertas al aprendizaje. Valoran, por encima de todo, su libertad e independencia (…). El dinero no es su principal motivación, sino que lo conciben como un premio al trabajo bien hecho. Manejan bien las relaciones (…). Son gente proactiva, a la que le gusta anticiparse (…). Presentan escasa o nula aversión al riesgo y falta de miedo al fracaso.

Fracasar ayuda a mejorar como profesional. A tomar mejores decisiones. A distinguir entre una ilusión bonita y una idea de negocio con recorrido. Aunque no siempre se puede evitar, hay maneras de prevenirlo o, al menos, de no estrellarse del todo. Para eso, primero hay que entender bien por qué suelen malograrse los proyectos. Qué es lo que hace que algo que parecía prometedor termine por no funcionar.

En la tabla 2.4 están recogidas algunas de las causas más comunes. No es una lista cerrada. Ni académica. Es solo el resumen de lo que más se repite cuando uno escucha a quienes lo han intentado una y otra vez.

TABLA 2.4

Los factores clave en el fracaso de un negocio

- **Falta de planificación:** no vale con tenerlo todo en la cabeza. Hay que sentarse, pensar y escribir. Lo importante, por escrito. Los números, los pasos, las personas. Si no hay un plan claro, el caos no tarda en llegar.
- **Marketing deficiente:** puedes tener el mejor producto del mundo, pero si nadie lo conoce, da igual. La gente no compra lo que no ve. Y para que vean, hay que comunicar bien.
- **Desaliento temprano:** los comienzos suelen ser duros. Muy duros. Tirar la toalla en el primer bajón es un error frecuente. No todo va a salir bien a la primera. Ni a la segunda.
- **Falta de fondos:** el dinero es el aire del negocio. Sin reservas, sin previsión, sin control, es cuestión de tiempo que se ahogue. Y muchas veces no se trata de no tener ingresos, sino de no saber gestionarlos.
- **Ignorar al cliente:** si no sabes a quién vendes ni qué necesita, es muy difícil acertar. A veces se cae por estar demasiado centrado en el producto y poco en la persona que va a usarlo.
- **Ignorar a la competencia:** pensar que los demás no existen es una ingenuidad. Es un juego donde hay más piezas en el tablero. Y si no se vigila lo que hacen otros, te quitan sitio.

La falta de ingresos es la causa más frecuente, y también la más dolorosa. A nadie le gusta tener que cerrar porque no puede sostener el negocio. Pero ocurre más a menudo de lo que se piensa. Lo peor es que muchas veces se podría haber evitado con algo tan sencillo como llevar bien las cuentas. Diferenciar lo personal de lo profesional. Tener claro cuánto necesitas para vivir y cuánto puede asumir la empresa sin ahogarse.

Planificar, en serio. No a ojo de buen cubero[2]. No confiando en que «ya irán saliendo las cosas». Porque no siempre salen. Ya que,

---

[2] La expresión «a ojo de buen cubero» proviene del oficio tradicional de los cuberos —artesanos que fabricaban cubas y toneles—, quienes debían tener gran precisión en sus medidas para asegurar que los recipientes fueran estancos. Decir que algo no se hace «a ojo de buen cubero» implica que no se

si no estás preparado para los meses malos, te coge la ola. Planificar no es garantía de éxito. Pero no planificar sí suele ser garantía de fracaso. Por eso tiene sentido recordar esa frase tan citada de William Blackburn[3]: «Fracasar en la planificación es planificar el fracaso». Duele leerla cuando ya es tarde.

Dicho todo esto, también conviene ser justos. No todos los fracasos son culpa del emprendedor. Esto hay que decirlo con claridad. A veces el entorno cambia. A veces una pandemia, una crisis internacional, una subida de costes o simplemente un cambio en los hábitos de consumo, te dejan fuera del mercado. Aunque lo hubieras hecho todo bien. Pensabas que lo tenías bajo control. Que todo iba en la buena dirección. Pero, de repente, algo cambia. Algo que tú no controlas. Y ya no hay manera de remontar. Es duro, pero pasa y lo peor que se puede hacer, en este caso, es culparse por algo que no dependía de ti.

El mundo empresarial es inestable por naturaleza. Se mueve, cambia, se sacude. No puedes preverlo todo. Por eso es tan importante no identificarte del todo con el resultado de tu proyecto. El que fracasa es el negocio, no tú. Esta idea, que puede parecer menor, es clave. Porque si te tomas el fracaso como algo personal, corres el riesgo de venirte abajo. De no querer volver a intentarlo.

Al final, cuando uno mira hacia atrás, suele ver que de los momentos difíciles salieron las mejores lecciones. Las más útiles. Los errores, si se analizan bien, enseñan mucho. Más que los aciertos. Porque obligan a replantear cosas, a ver lo que no veías, a mejorar.

Cuando uno fracasa y se levanta, se vuelve más sabio. Además, más humano. Porque sabe lo que cuesta. Porque ha sentido el gol-

---

está estimando con la pericia o exactitud que se espera de un experto. Es una forma coloquial de advertir que conviene evitar los cálculos aproximados o intuitivos cuando se requiere rigor.

[3] Esta frase se ha hecho famosa en muchos entornos empresariales. Se le atribuye a William Blackburn, experto en sostenibilidad y gestión organizativa, aunque también la han usado otros autores. La idea es sencilla pero poderosa: si no dedicas tiempo a pensar bien los pasos, es muy probable que las cosas salgan mal.

pe. Y eso le da otra mirada. Otra forma de relacionarse con los demás. Con más humildad y también con más empatía.

De hecho, hay estudios recientes —como el de Camuffo et al. (2020)— que muestran que los emprendedores que han fracasado y han aprendido de ello, tienen más posibilidades de éxito en su siguiente intento que quienes aciertan a la primera sin saber por qué. La clave, como siempre, está en el aprendizaje.

En algunos entornos, como Silicon Valley, no haber fracasado nunca es casi sospechoso. Porque significa que no te has arriesgado. Que no has salido de tu zona cómoda. Este hecho para un inversor puede ser una mala señal. Prefieren a quien lo ha intentado, se ha caído, ha aprendido y vuelve con más claridad.

Incluso hay quien propone incluir el fracaso en el currículum. Pero no para recrearse, sino para mostrar que se sabe gestionar lo difícil. Que se tiene la piel un poco más curtida. Que se puede volver a empezar sin hundirse.

Por eso, y para cerrar este apartado, te proponemos mirar de nuevo las tablas del principio. Con el fin de hacerte las siguientes preguntas: ¿cuál de esos errores has vivido más de cerca?, ¿qué pasó?, ¿qué aprendiste? Pero, sobre todo, ¿qué capacidades tuyas salieron en ese momento? Tal vez ahí resida lo más valioso de todo lo que hemos contado.

2.4. Relativizar tanto el éxito como el fracaso

El éxito y el fracaso no son conceptos abstractos. Tienen un impacto real en la vida de las personas. Nos obligan a mirar de frente la distancia que existe entre lo que queríamos conseguir y lo que realmente hemos logrado. Aprender a convivir con esa diferencia, sin frustrarse ni rendirse, forma parte del proceso de madurar. Aceptarla con naturalidad y seguir caminando hacia nuestras metas es, al final, lo que marca la diferencia (Dweck, 2007). Aquellas personas que saben que esa separación no es posible, pero la aceptan y continúan creyendo en su ideal y se mueven hacia él, no solamente son personas maduras, sino seguramente también fuertes de carácter, y al final conseguirán una buena parte de lo que se habían propuesto. Por el contrario, aquellas personas que se frustran al descubrir esa dolorosa distancia entre lo que pensaron ser y lo que realmente han llegado a ser, desisten rápidamente de continuar intentando ser lo que pensaban ser y se conforman con lo que ya tienen. Aunque la mayoría de ellas terminen por considerarse fracasadas al no seguir luchando por alcanzar sus sueños.

Si examinamos el fracaso desde un punto de vista empresarial, veremos principalmente que consiste en no alcanzar los objetivos planificados, lo que a veces obliga a abandonar una idea o cerrar un proyecto. Esto es algo que ocurre con frecuencia, porque no siempre es posible cumplir lo que uno se había propuesto. Hay iniciativas que no cuajan, negocios que no despegan o propuestas que, simplemente, no salen adelante. Le pasa a mucha gente, aunque no siempre lo cuenten. Y asumirlo con naturalidad forma parte del camino emprendedor, ya que en la mayoría de las ocasiones es una experiencia común entre emprendedores primerizos. No todo sale bien. No todas las oportunidades se convierten en negocios viables. Entender esto con naturalidad es parte del camino del emprendimiento.

Ante esta situación, de un fracaso empresarial, lo primero que tenemos que hacer es saber aceptarlo y reconocerlo como tal. Asumiendo nuestra responsabilidad y sin sentimiento de culpa, aceptando que hemos podido cometer errores. Esta aceptación se manifiesta en llamar a las cosas por su nombre con total naturalidad, sin disimulos. Aceptar que hemos fracasado no siempre es fácil. Hay un mecanismo muy humano que se activa casi sin darnos cuenta: tendemos a pensar que la culpa es de otros, que nosotros lo hicimos bien y fueron las circunstancias o las personas de alrededor las que fallaron. Es lo que en psicología se llama *locus de control externo.* Pero mientras sigamos atrapados en esa idea, no avanzaremos. Reconocer los errores propios cuesta, pero es lo único que nos permite ver con claridad lo que ha pasado y aprender de verdad. Salir del autoengaño libera. Aceptar el fracaso es, en el fondo, aceptar la realidad tal y como es, no como nos gustaría que fuera.

También es importante aprender a valorar el fracaso en su justa medida, ni más ni menos de lo que merece. Esta tarea tampoco es fácil, pero es esencial para poder después superar dicho fracaso. A la mayoría de los emprendedores que no superan sus fracasos les sucede que los han valorado en exceso. Aprender a relativizar el éxito y el fracaso consiste en saber quitarle importancia, mirar el conjunto de lo que ha pasado y descubrir que no es para tanto, que lo que nos parecía un obstáculo enorme en realidad es bastante más pequeño. Un arma psicológica decisiva para relativizar las cosas es el humor, la ironía, el saber reírse de uno mismo, ver el lado cómico de las situaciones, como se explicó en el epígrafe 1.2. Esto significa no tomarse totalmente en serio ni a uno mismo, ni al éxito, ni al fracaso. Aprender a no tomarse las cosas totalmente en serio da libertad y distancia respecto de ellas, permite verlas en perspectiva, juzgarlas en su verdadera dimensión.

Tanto el éxito como el fracaso tienden a absolutizarse cuando la persona carece de otras referencias personales ni profesionales. Por eso resulta fundamental tener un propósito más amplio que nos oriente. Cuando uno tiene un por qué vivir, soporta casi cualquier cómo. Esta idea, formulada por Viktor Frankl (2004) y repetida por muchos psicólogos posteriores, resulta especialmente útil cuando lo que parecía un error nos deja sin rumbo. Un nuevo proyecto empresarial o un giro profesional significativo pueden dar sentido a lo vivido. Y ese sentido convierte el error en aprendizaje y el obstáculo en punto de partida. Maslow (1970) ya lo dijo con claridad: la autorrealización no consiste en no equivocarse, sino en saber aprender de los errores y seguir adelante. Por su parte, Kahneman (2020), con sus estudios sobre el comportamiento humano, demostró algo que todos hemos vivido alguna vez: tendemos a exagerar las consecuencias de un fracaso y a olvidar lo bien que somos capaces de adaptarnos cuando las cosas no salen como esperábamos; a este autor se dedica el epígrafe 3.8.

Según sus estudios, una pequeña pérdida genera un dolor mayor que el placer de una ganancia equivalente. Este sesgo cognitivo —la llamada aversión a la pérdida— hace que muchas personas abandonen o no inicien proyectos por miedo a equivocarse. Sin embargo, la experiencia demuestra que lo que duele no es fracasar, sino vivir paralizado por ese miedo. Y ese miedo también se supera cuando se relativiza. No todo fracaso es tan grave. No todo éxito es tan determinante. Hay que saber colocarlos en su sitio. Hace muchos siglos atrás ya los estoicos defendían que el valor de una persona no se mide por los resultados que obtiene, sino por su actitud ante lo que no depende de ella. Epicteto[4] recordaba que no somos dueños del éxito ni del fracaso, pero sí de nuestras decisiones. En la misma línea, el emperador Marco Aurelio insistía en no dejarse arrastrar por la euforia ni por la desesperación. Saber relativizar no significa perder ambición, sino mantener el equilibrio.

Por último, hay que saber dejar atrás el fracaso y, una vez aprendidas las lecciones, no seguir pensando en él. Hay que extraer lo valioso y continuar. En la vida profesional nunca se fracasa o se triunfa del todo. Siempre hay matices, siempre hay aprendizajes. Por eso, la experiencia tiene más valor del que solemos reconocer. Gracias al fracaso podemos mejorar nuestras decisiones futuras, detectar fallos de estrategia, reforzar nuestras habilidades personales y adquirir una visión más realista.

Lo mismo cabe decir del éxito. Tampoco hay que absolutizarlo. Ni dejar que nos condicione. No debe convertirse en un peso que nos impida cambiar de rumbo cuando sea necesario. No siempre acertar es avanzar. A veces, rectificar es una forma de crecer.

A modo de resumen de este apartado, debemos tener siempre presente que nunca fracasamos o tenemos éxito completamente. En el conjunto de nuestra vida profesional, tanto el éxito como el fracaso son solo una parte, nunca se extienden a la totalidad. Por eso lo que hay que hacer es relativizarlos, compararlos con el conjunto de nuestra vida para ver que también hay otras cosas de sig-

---

[4] Epicteto (siglo I), filósofo estoico que, a pesar de haber nacido esclavo, fue capaz de dejar una considerable huella en la historia del pensamiento. Su filosofía invita a aceptar la vida tal como viene, sin quejas, y a encontrar serenidad incluso en medio del caos.

no contrario. Además, debemos ser muy conscientes de que a través del fracaso adquirimos experiencia. Por ello, cuando las cosas nos salen mal, aprendemos de nuestros fallos, descubrimos dónde estuvo la equivocación de nuestra estrategia y elegimos un modo mejor de hacer las cosas, evitando cometer de nuevo los mismos errores. El error tiene sentido cuando es puente, no muro.

2.5. Conclusiones y recomendaciones

A lo largo de este capítulo hemos intentado comprender por qué el fracaso forma parte del camino emprendedor y qué se puede hacer para convivir con él sin que se convierta en una carga que paralice. Han aparecido experiencias, ideas y autores que nos han recordado algo tan sencillo como importante: no hay proceso de crecimiento sin tropiezos. El problema no es fracasar, sino dejar de avanzar. Eso es algo que quienes emprenden, o están pensando en hacerlo, deben tener claro desde el principio.

Han quedado claras varias cosas. Primero, que el fracaso no debe vivirse como una etiqueta definitiva, sino como una parte más del proceso. Segundo, que no todas las metas se alcanzan en el primer intento, y que muchas veces hay que ajustar, reformular o incluso empezar de cero. En tercer lugar, que esa experiencia que parece un paso atrás puede ser justo lo que se necesitaba para dar el siguiente salto con más solidez. En palabras de Kahneman (2020), es fácil sobrevalorar el impacto de un revés, pero solemos subestimar nuestra capacidad para adaptarnos y rehacernos cuando las cosas no salen como esperábamos.

Por eso, relativizar tanto el fracaso como el éxito se convierte en una herramienta clave. Porque ni lo uno nos define para siempre, ni lo otro nos garantiza nada. Lo que cuenta es la actitud con la que se afrontan. Aprender a mirar los errores sin dramatismo, sin buscar culpables fuera, reconociendo con humildad en qué parte nos equivocamos y qué podemos hacer mejor no es una muestra de debilidad, sino de madurez.

El miedo al fracaso, cuando no se gestiona bien, se convierte en excusa para no empezar. O en motivo para abandonar demasiado pronto. De ahí la importancia de empezar a trabajarlo desde etapas tempranas. No se trata de fomentar el error por sí mismo, sino de desactivar la idea de que equivocarse es fracasar como persona. No lo es. No lo ha sido para quienes han emprendido antes y han tenido que cerrar una empresa, cambiar de rumbo o reconocer que aquella gran idea no era viable. Tampoco lo es para quienes ahora mismo se están planteando volver a intentarlo. Lo relevante no es cuántas veces se ha fallado, sino qué se ha hecho después.

También hemos insistido en la necesidad de no sobredimensionar el éxito. A veces, el miedo a perder lo conseguido genera más ansiedad que el hecho de no haberlo alcanzado todavía. El éxito puede ser útil, pero si se convierte en objetivo único, también puede desorientar. Lo importante, como recordaba Viktor Frankl (2004), es tener un sentido, un motivo. Algo por lo que merezca la pena insistir incluso cuando nada garantiza el resultado. Cuando se tiene un porqué claro, se puede soportar cualquier cómo.

En todo este proceso, la capacidad de relativizar lo vivido, de poner en perspectiva los logros y los errores, ayuda a mantener la cabeza en su sitio. Ayuda también a cuidar la autoestima, que no debería depender solo de los resultados. El fracaso no es una señal de que no valemos, sino una oportunidad de comprobar hasta dónde estamos dispuestos a mejorar.

3

AFRONTAMIENTO Y SUPERACIÓN DEL MIEDO AL FRACASO

«Veinte años más tarde, estarás más decepcionado por las cosas que no hiciste que por las que hiciste.»

MARK TWAIN

«… no hay lecciones mejor aprendidas que las que se sustentan en la experiencia de un error.»

LUIS LANDERO

3.1. El miedo al fracaso, una fobia más

«Cualquier cosa puede ser, por accidente, causa de esperanza o de miedo», según la proposición L de la *Ética* de Spinoza.

Ahondando en la arqueología del miedo, Manuel Vilas (2024) sitúa el miedo al fracaso en el origen de todos los demás:

> Es imposible estrenar miedos por lo siguiente: de crío inauguras en algún lugar de tu cerebro el miedo a fracasar, a perder, a ser el último de la fila, a ser el más tonto de la clase y el más feo y el más pobre. Y todos los miedos que vienen después, en la edad adulta, van a parar a ese lugar que tu alma asignó al miedo (p. 215).

Uno de los autores de este manual, Rafael Rabadán, es doctor en Psicología. El mayor reto profesional al que se enfrenta durante los cursos y las charlas-taller sobre la *gestión del fracaso* aludidos en el primer capítulo de este manual es, sin duda, la respuesta —la solución quizá suene excesivo— a cómo deberían afrontarse situaciones de fracaso y frustración, cómo aplicar recursos mentales para amortiguar su impacto e, incluso, permitir aprovechar su parte positiva, descrita también en aquel capítulo como *productividad del fracaso* y modelos *fracasOportunidad*.

Premisa fundamental para tal abordaje es encuadrar el miedo al fracaso entre las taxonomías de fobias, con esa etiqueta reciente de *atiquifobia,* citada en el capítulo inicial.

¿Qué es y cómo tratar una fobia? El término procede del griego *phobéo-mai* («yo temo»); significa aversión o miedo excesivo contra algo, siendo relevante diferenciarla del miedo, el cual es una emoción adaptativa que alerta frente a situaciones *justificadamente* peligrosas, ayudando a la persona a ser cauta y protegerse. Puede describirse la fobia como una manifestación patológica —y gratuita por excesiva e irracional— del miedo: la persona reconoce que su temor es exagerado, pero, antes del tratamiento, no puede controlarlo, por lo que suele ser un motivo frecuente de asistencia a consultas profesionales. Summerscale (2023) sitúa en su *Atlas* 99 fobias[1] y «manías» que limitan nuestro funcionamiento mental, nuestra adaptación social y nuestro bienestar. Robles (2023), citando la obra anterior y otros estudios recientes, llega a la conclusión de que, por diversos motivos, cada día aumenta el catálogo de fobias; entre las «novedades» del mismo, la nomofobia[2] y la que nos ocupa.

Por otra parte —y esto resulta muy esperanzador—, las fobias son los trastornos de ansiedad que antes y mejor responden al tratamiento, según testimonio de muchos profesionales de la psicología clínica. Un vistazo a la Wikipedia[3] nos depara varios tratamientos alternativos: técnicas de exposición progresiva[4], desensibilización sistemática (DS), técnicas de choque forzado (por ejemplo, inmersión), terapias cognitivas y programación neuro-

---

[1] Aunque entre las mismas no incluye todavía la atiquifobia, lo que indica su novedad diagnóstica.

[2] Miedo irracional a estar sin teléfono móvil, similar al FOMO (acrónimo inglés para *fear of missing out,* fobia a no estar conectado a Internet y perderse algo «importante» en las redes sociales).

[3] https://es.wikipedia.org/wiki/Fobia

[4] El uso actual de técnicas de *realidad virtual* se ha revelado muy efectivo a tal fin.

lingüística (PNL). Son tratamientos que no parecen complicados, reforzados mediante técnicas de autoayuda y de motivación enfocadas a que la persona en esencia interiorice, desde una perspectiva cognitiva, que el fracaso supone una «etapa evolutiva» necesaria para lograr el éxito. Hay que *desdramatizarlo,* por tanto.

Con similar objeto de tratar de desdramatizar e incluso *positivar el miedo* —en general y el fracaso en particular— propone Moehringer (2021) actuar así:

> Tienes que hacer todo lo que te asuste, JR [el autor]. Todo. No digo que pongas en peligro tu vida, pero todo lo demás, sí. Piensa en el miedo, decide cómo vas a enfrentarte al miedo, porque el miedo va a ser la gran cuestión de tu vida; eso te lo aseguro. El miedo será el combustible de todos tus éxitos y la raíz de todos tus fracasos, así como el dilema subyacente de todas las historias que te cuentes a ti mismo sobre ti mismo. ¿Y cuál es la única posibilidad que tienes de vencer el miedo? Ir con él. Pilotar a su lado. No pienses en el miedo como el malo de la película. Piensa en él como en tu guía, en tu explorador de caminos (p. 156).

El dominio del miedo —o el arte de disimularlo— es capital para todo progreso.

3.2. La frustración, hermana del fracaso

El sentimiento de frustración puede contemplarse como una reacción o consecuencia de la experiencia de fracaso; una definición puede ser «estado emocional desencadenado ante situaciones que implican la reducción e incluso pérdida de refuerzos positivos —recompensas— esperados». El *Diccionario de la RAE* la define como «sentimiento de insatisfacción o fracaso», de ahí su señalado carácter filial respecto a este último.

Entre las denominadas habilidades blandas —*soft skills*— se puede incluir la tolerancia a la frustración como un factor indudable de crecimiento y bienestar. El constructo fue originalmente propuesto por Albert Ellis (1962), quien defiende que la baja tolerancia a la frustración —*low frustration tolerance* (LFT)— es un componente entre las creencias irracionales de la persona, con inicio en la infancia debido a padres demasiado permisivos o tolerantes ante cualquier demanda realizada por los menores, que llegan a creerse merecedores de cualquier recompensa sin apenas esfuerzo; crecen, por tanto, como personas irritables e incapaces de resolver problemas o de ser pacientes, lo que coloquialmente se conoce como niños «mimados» o sobreprotegidos.

Anna Forés (2025) analiza la importancia de la frustración durante el proceso de aprendizaje, atendiendo a varias de sus dimensiones con objeto de cambiar el rol tradicional de emoción indeseable para la frustración:

- **Conexión frustración-motivación:** según la neurociencia, puede reciclarse/redirigirse la energía «frustracional» siempre que no sea excesiva. La distinción de Carol Dweck (2007) entre mentalidad fija y mentalidad incremental propone que la segunda percibe la frustración —y el fracaso— como oportunidad para aprender y mejorar, minimizando su impacto negativo; se tratará con mayor detalle en el próximo capítulo.
- **Conexión frustración-miedo:** al activar aquella, áreas cerebrales vinculadas al miedo generan respuestas evitativas; quien siente miedo a realizar una tarea, procurará evitarla de forma preventiva. El temor a no alcanzar ciertas expectativas disminuye además el nivel de dopamina, afectando al sistema cerebral de recompensas.
- **Construcción de la tolerancia a la frustración:** esta autora habla también de una estrategia de «vacunas» para aprender a asumir tal emoción como un componente básico del aprendizaje; en el proceso educativo pueden introducirse tareas de complejidad creciente para que el/la estudiante refuerce progresivamente su autoconfianza al superarlas, valorando además el esfuerzo por encima del resultado inmediato, lo que Forés denomina *retroalimentación constructiva* y fomento de la *mentalidad resiliente*.

En sentido similar al que propone Rabadán (2021), «asimilar sin complejos el error y el fracaso supone la formación en otro valor que debemos trasladar al sistema educativo desde edades tempranas», Forés (2025) concluye que «aprender a superar retos graduales, a extraer lecciones del error y a autorregularse ayudará a trabajar la frustración y aprender de y con ella».

Procede añadir a tal propuesta un tercer binomio: *frustración-agresión,* al que algunos autores consideran el más determinante para los estudios criminológicos. El maestro José Luis Pinillos (1982) reflexiona en este sentido:

> (...) los individuos frustrados no siempre dirigen su agresividad contra el exterior; muchas veces, los impulsos agresivos revierten sobre el propio sujeto, que se considera en el fondo culpable de su fracaso. De estas consecuencias intropunitivas de la frustración, los sentimientos de culpabilidad, la angustia, los sentimientos de inferioridad, la depresión y, en última instancia, el suicidio, son muestras bien patentes que, por desgracia, abundan en nuestra sociedad (p. 134).

En fin, conviene tener presente aquella máxima de Louis Pasteur: «No evitéis a vuestros hijos las dificultades de la vida; enseñadles mejor a superarlas».

3.3. El miedo al éxito y la motivación de logro

Como se tratará en el capítulo 4, Francesca Román[5] cita como tercera causa posible para la fobia al fracaso la complementaria y, de alguna forma, paradójica *fobia al éxito.* Matina Horner (1970) fue pionera en realizar estudios experimentales sobre la misma, que denominó *fear of success,* como señala Rabadán (2020) al comienzo de su capítulo, un miedo que encontró más acusado en mujeres que en hombres, al parecer asociado —al menos en aquella época— a que el hecho de destacar podía generar el temor de

---

[5] https://centrumpsicologos.com/blog/atiquifobia-miedo-fracaso

perder popularidad y aceptación social; incluso llegó a detectar cierto «sentimiento de culpa» femenino por el éxito logrado.

No obstante, haciendo «arqueología» del estudio científico de tales miedos, debe atribuirse al psicólogo alemán Ferdinand Hoppe la primera teoría formal al respecto. Según Hoppe (1930)[6], cada persona se fija un nivel de aspiraciones en su esfuerzo por conseguir un compromiso entre dos tendencias conflictivas: el deseo de tener éxito al punto más alto posible, lo cual aumenta tal nivel aspiracional, y el deseo de evitar el desengaño que produce el fracaso, que reduce tal nivel; por lo tanto, cada persona busca un equilibrio, orientado a proteger además su autoestima. Resulta evidente la conexión de esta propuesta con las teorías posteriores sobre *motivación de logro* defendidas sobre todo por McClelland (1961, 1965), Atkinson (1964) y Maslow (1970).

Atkinson (1964) propuso una teoría de la motivación que ampliaba el concepto *hopperiano* de nivel aspiracional, apoyándose a su vez en el constructo previo de McClelland (1961) sobre la *motivación/necesidad de logro/éxito*. Según Atkinson, las diferencias en la pulsión sobre necesidad de lograr el éxito serían correlativas a la contrastante necesidad de evitar el fracaso, basculando cada individuo sobre ambas probabilidades; así, según este autor, es más probable una pulsión fuerte de evitar el fracaso —con la consecuente fobia al mismo— cuando la persona ha experimentado fracasos repetidos, en parte porque se ha fijado objetivos más elevados de los que podía lograr, no evaluando bien su capacidad y/o la oportunidad del objetivo fallido. McClelland postulaba que una excesiva motivación/expectativa de logro puede «bloquear» al aspirante y deparar resultados negativos, conectando así con la clásica *ley de Yerkes y Dodson* (1908), según la cual el rendimiento óptimo en la mayor parte de tareas se consigue con niveles intermedios de motivación/ansiedad/activación, el conocido gráfico en forma de U invertida.

La vigencia de tal relación entre nivel de expectativa y rendimiento alcanzado se ha probado tanto en tareas intelectuales como

---

[6] Su ensayo se titula, en alemán, *Éxito y fracaso*.

físico-deportivas[7] y de control emocional: una excesiva motivación —no digamos ya la necesidad imperiosa de conseguir una meta— genera casi siempre una elevada ansiedad que no puede controlar el sujeto, con resultados a menudo adversos.

La conocida *pirámide* de Abraham Maslow (1970) sitúa la motivación de éxito/evitación del fracaso —vinculada al reconocimiento profesional, la valoración social y la autoestima— entre el 4.º nivel, *necesidades de estima,* y el 5.º, *necesidades de autorrealización,* cima de la pirámide. El mismo autor denominó al miedo al éxito *complejo de Jonás*[8], inspirándose en el pasaje bíblico donde Dios encarga al comerciante de tal nombre una tarea —sencilla con ayuda divina— para la cual él se sintió abrumado y rechazó[9].

Por otra parte, dicha presión para evitar el fracaso y el estrés derivado de la misma están en la base de algunos desórdenes mentales e, incluso, de trastornos psicosomáticos. Como remarca González-Cuevas (2026), consecuencia evidente de tal presión es la prevalencia en aumento del estrés, la fatiga o el desgaste profesional; médicos en todo el mundo lo están advirtiendo. Este tipo de dolencias de origen mental deterioran peligrosamente nuestro sistema inmunológico y nos dejan muy expuestos a las enfermedades. Herrero y Cuenca (2020) dedican un capítulo ilustrado a correlatos biomédicos del fracaso y las emociones asociadas.

---

[7] En el primer capítulo comentamos el caso de la tenista Badosa bajo el peso de las expectativas.

[8] *Jonah complex,* en inglés.

[9] Uno de los autores del manual, Rafael Rabadán, recuerda sobre tal miedo/complejo el impacto de algo que escuchó durante la infancia en su ciudad natal (Logroño): un empresario «capitalista» propuso a los dueños de una confitería donde triunfaba una especialidad —un pastel del que elaboraban unas pocas docenas al día— realizar toda la inversión para ponerles un local en Madrid con el mismo nombre, en cuyo obrador ellos solo deberían preparar dicha *delicatessen,* con previsibles beneficios sin riesgo para los confiteros; sin embargo, estos se negaron a participar en el proyecto, «aludiendo» a que vivían bien así en la pequeña ciudad y no querían complicarse (?) la vida.

3.4. Las tres posibles respuestas psicológicas ante el fracaso

Desde la perspectiva de la psicología aplicada puede plantearse que el adecuado afrontamiento y la terapia de la atiquifobia requieren la previa identificación de las posibles *reacciones ante el fracaso,* que podrían agruparse en estos tres tipos:

- **Depresión:** rendición y abandono de actitudes positivas/optimistas/productivas, con una atribución causal que dependerá en gran parte del *locus de control* (interno/externo) de la persona afectada.
- **Sobrecompensación:** esfuerzo restaurativo que implica autocastigo por un alto sentimiento de culpabilidad (por ejemplo, adicción al trabajo).
- **Aceptación:** considerarlo una etapa natural del aprendizaje y reconciliarse con uno mismo, disculparse/perdonarse, siendo autoindulgente.

Esta última respuesta es sin duda la más adaptativa, aunque su consecución requiere a menudo de un entrenamiento psicológico previo enfocado a no estigmatizar el fracaso y asimilarlo como un tropezón de efectos pasajeros —objetivo esencial de los mencionados cursos y publicaciones—, que incluso, como apuntamos en el capítulo previo, aporta valor a un currículum.

3.5. La tentación de no-emprender y de «acomodarse»

Quizá por los motivos que apunta un reciente reportaje publicado en *El País* (Silió, 2026) en cuanto a que «a los jóvenes españoles no se les enseña a fracasar; nos les falta formación, pero sí destrezas para innovar, resolver problemas o aplicar pensamiento crítico» y, por lo tanto, muchos temen emprender, una marcada tendencia en este colectivo es la opción de convertirse en funcionario de carrera y sortear así tales conflictos e incertidumbres.

«Una cuarta parte de los españoles quiere ser emprendedor». Este reciente titular de la revista *Emprendedores*[10] contrasta con la «leyenda» escuchada a menudo sobre que la mayoría de los universitarios desean trabajar en la función pública. Según un estudio publicado casi una década antes[11], no llegaban al 20% los titulados con intención de emprender, por lo que esta nueva cifra supone una mejora, incluso permite barruntar un fiable indicador de que en España se va superando la fobia al fracaso. El porcentaje de estudiantes aspirantes a funcionarios se mantiene estable en ambos estudios: un 25 %.

El estudio *Y después de la universidad, ¿qué?*, a partir de una encuesta realizada a 9.000 estudiantes por Educa2020 y GAD3, sitúa en un 27% la tasa de ellos/as que desea emprender al terminar su etapa académica, proporción ligeramente superior a la que manifiesta vocación funcionarial[12]. El casi 50% restante todavía o no lo sabe o prefiere trabajar por cuenta ajena.

Por otra parte, según el Observatorio del Opositor 2025, dos de cada tres opositores menores de 25 años piensan que ser funcionario les asegura poder formar una familia; la mayoría cree además que solo así podrá independizarse económica y laboralmente, evitando lo que intuyen como «fracasos»[13] previsibles.

Tales datos alientan el proyecto de comenzar a tratar el miedo al fracaso —un freno para el ánimo emprendedor— desde las primeras instancias educativas, como se remarcaba en el epígrafe dedicado a la frustración.

---

[10] https://emprendedores.es/gestion/espanoles-emprendedor/

[11] https://www.europapress.es/comunitat-valenciana/noticia-25-universitarios-quieren-ser-funcionarios-19-crear-propia-empresa-20160412113016.html

[12] Aun así, quienes aspiran a ser empleados públicos enfocan su carrera profesional sobre todo hacia la educación o la sanidad, fuera del estereotipo de «la ventanilla».

[13] A dejar de percibir una plaza de funcionario/a como tal edén vitalicio puede contribuir asimismo la lectura de novelas como la reciente *Oposición,* de Sara Mesa (Anagrama, 2025).

3.6. El poder de la asertividad

Muy vinculada a esta visión «optimizante» del fracaso se encuentra la educación o entrenamiento en *asertividad,* una habilidad básica[14] para el desarrollo personal y profesional que se trata asimismo en talleres y cursos sobre habilidades sociodirectivas: a la persona asertiva no le traumatiza ni avergüenza cometer errores; lo asume como parte de la condición humana. Reconoce sus errores y trata de aprender de ellos; incluso se permite disfrutar de su parte divertida, de convertirlos en anécdota, como proponíamos en un párrafo anterior. Esta actitud también le ayuda a ser tolerante —asertiva— con las equivocaciones ajenas, a no juzgarlas con la severidad con que no quisiera ser juzgada ella misma (por ejemplo, Castanyer, 1996; Hare, 2003); ya Aristóteles animaba a portarse con las demás personas como nos gustaría que ellas lo hiciesen con uno mismo. Según Rabadán (2022), junto a la *sinergia* —actitud y efecto de la cooperación— la asertividad es una habilidad sociodirectiva esencial para «conseguir resultados prácticos, orientados al buen clima laboral y a la armonía de las relaciones humanas», factores que pueden aportar valiosas dosis de autoconfianza a cualquier persona con temor al fracaso.

En relación con el emprendimiento, los autores/profesores Martín y Rabadán han explicado en jornadas sobre *Gestión emocional de conflictos en la empresa familiar* —promovidas por foros profesionales como AMEFMUR[15] y la Cámara de Murcia[16]— la utilidad de mantener actitudes asertivas, a veces de enorme poder resolutivo ante tales problemas y conflictos.

---

[14] Otra de las competencias que Stone y Dillehunt (1978) incluyen en su *currículum de Self Science.*

[15] Asociación Murciana de la Empresa Familiar.

[16] Cámara Oficial de Comercio, Industria, Servicios y Navegación de Murcia.

3.7. El foco sobre la gestión del fracaso en los TFG universitarios

Un indicador fiable del interés académico que suscita este tema es, desde un tiempo reciente, la creciente solicitud de tutorización de *trabajos fin de grado* (TFG) con la línea de investigación *gestión del fracaso*. Así, uno de los autores del presente manual —Rafael Rabadán— ha dirigido dos TFG sobre tal línea en cursos recientes, a cargo de Samira Ichchou (2023) y de Silvia Martínez-Nieto (2024), y otros dos en el curso 2024-2025, a cargo de Celia Garre (2025) y de Carmen Mayor (2025); los dos más recientes abordan la relación del fracaso con problemas de ansiedad y con rupturas sentimentales. Por su interés y su carácter pionero, se recoge el resumen de los dos primeros trabajos, enfocados a proyectos de intervención para estudiantes universitarios y para deportistas, respectivamente:

> Durante décadas, tanto alumnado universitario como no universitario ha presentado problemas académicos relacionados con el área personal, familiar, emocional, social e incluso de factores de personalidad. Las diversas investigaciones científicas realizadas en las últimas décadas han podido abordar el abandono académico desde diversas perspectivas, siendo la gestión del fracaso la más reciente, por lo que la idea del fracaso como un concepto fácil de abordar y sencillo de manejar sigue estando lejos de nuestro alcance. Como describen Barrón y Sánchez (2022), las personas tienen una gran capacidad de adaptación ante circunstancias de desafío, y es por ello por lo que desarrollan capacidades que les permiten sobrellevar y recuperarse de dichas circunstancias.
>
> El **objetivo** de este proyecto de intervención es el abordaje de la problemática actual referente al *fracaso académico de estudiantes universitarios* a través del manejo de diversas variables que influyen directa o indirectamente en los/as alumnos/as, con la finalidad de promover hábitos que les permitan potenciar capacidades de gestión del fracaso de forma adaptativa. Los destinatarios son estudiantes del Grado en Psicología que han sufrido algún episo-

dio de fracaso y que pretenden redirigirlo al camino del éxito. Mediante la implementación de este programa, se prevé una potencial mejora en la percepción y en el desarrollo de habilidades de gestión del fracaso (Ichchou, 2023, p. 1).

A lo largo de la historia, los deportistas de competición de diferentes edades sufren dificultades asociadas a aspectos personales, problemas familiares, emocionales, de relación interpersonal e incluso de personalidad, lo cual puede derivar en problemas de salud mental tales como ansiedad, depresión, estrés… Los diferentes estudios científicos realizados en los últimos años han abordado dichos contratiempos de diversas maneras, siendo el área más estudiada la psicológica, centrándonos en uno de sus enfoques más recientes, la gestión del fracaso. Como detallan Gatsis et al. (2021), el desarrollo de los elementos psicológicos puede contribuir a que una persona gestione la ansiedad y mejore su desempeño, ya que el enfoque pesimista, la automatización de procesos, el establecimiento de metas y el control emocional son aspectos que influyen en la inteligencia emocional.

Este proyecto de intervención tiene como **objetivo** aproximarse a la problemática presente relacionada con el *fracaso en el ámbito deportivo.* Esto se consigue a partir de la consideración y el manejo de una variedad de factores que tienen un impacto directo o indirecto en los atletas, para de esta manera cultivar y promover hábitos que les permitan fortalecer sus capacidades para gestionar el fracaso de manera flexible y constructiva. Se encuentra dirigido a deportistas de la Región de Murcia, con interés de desarrollar estrategias para poder enfrentar los fracasos deportivos de una manera constructiva, orientándolos hacia el éxito. Al finalizar dicho programa se espera que haya ocasionado un progreso en el fortalecimiento de la percepción personal y desarrollo progresivo de diferentes destrezas para afrontar y gestionar situaciones de fracaso (Martínez-Nieto, 2024, p. 1).

Tanto los dos TFG resumidos como los dos del curso 2024-2025 obtuvieron excelentes calificaciones por sus respectivos tribunales, un resultado exitoso en el marco del fracaso, si se permite la ironía.

3.8. Unas palabras finales sobre el Nobel Kahneman

A modo de epílogo del capítulo actual, contar que hace dos años —marzo de 2024— llegó la noticia del fallecimiento de Daniel Kahneman. Psicólogo premio Nobel de Economía en 2002 junto a su colega Amos Tversky, revolucionó el concepto de toma de decisiones: existen *distorsiones cerebrales universales,* comunes a la inmensa mayoría de seres humanos, que hacen sentir tal aversión por las pérdidas —aversión *atiquifóbica,* sin duda— que una pérdida pequeña de dinero supone un dolor mucho mayor que la alegría correlativa a una ganancia elevada. Según el obituario que le dedica David Mejía (2024), «Kahneman nos despertó del sueño de la razón (…): nuestras mentes están corrompidas por sesgos que deforman nuestra percepción, mellan nuestros juicios y malbaratan nuestras decisiones; no necesitamos zancadillas para tropezar». Estamos abocados a la irracionalidad y al fracaso, en definitiva.

En su obra más reciente, subtitulada *Cómo el optimismo socava las decisiones ejecutivas,* Kahneman (2020) contempla el fracaso como resultado de la toma de decisiones a partir de un «optimismo ilusorio» —un sesgo cognitivo— en lugar de basarla en una valoración sensata de probables pérdidas y ganancias, sin subestimar costes ni sobrestimar beneficios.

Martínez-Selva (2021) presenta una didáctica revisión de los principales sesgos cognitivos que afectan a la toma de decisiones dentro de la *economía conductual.* Una síntesis de las propuestas de Kahneman y la cita de sus principales obras pueden revisarse en el apéndice E de Rabadán (2022); se cita allí un pensamiento de Stuart Mill que ampara la sinergia entre los desafíos empresariales y las actitudes psicológicas que motivan este manual: «No hay soluciones puramente económicas a los problemas económicos».

4

DESARROLLO DE HABILIDADES FRENTE A LA FRUSTRACIÓN Y EL FRACASO

«Ingrata, dura, pérfida son palabras que naturalmente evoca
la consideración de la vida, pero por fortuna
la serie de epítetos incluye también *inesperada.*
Cuando más completo parezca el cerco de la adversidad,
no olvidemos que siempre rueda para nosotros
una bolita cargada con premios.»

ADOLFO BIOY CASARES

«Puedes modelar tu vida. Construye tu carácter.
El carácter es poder, influencia,
consigue liderazgo, conquista amistades.»

SWAMI SIVANANDA

4.1. Las habilidades supuestamente más productivas

En los manuales sobre habilidades sociales y directivas (por ejemplo, Kamp, 2001; Vázquez, 2007; colección «Manuales prácticos» de Pirámide) es habitual encontrar un variado catálogo de las que se consideran más valiosas o *rentables* de cara al desempeño personal y profesional. Los autores de esta obra, aplicando el recomendable principio científico de *parsimonia* o economía de medios, van a intentar ofrecer una propuesta sencilla y a la vez útil sobre tales capacidades. En sus cursos y charlas-taller suelen partir de un esquema que considera sobre todo cinco habilidades de las llamadas «blandas»[1] *(soft skills):* asertividad, sinergia, gestión/dominio del ego, tolerancia a la frustración y, cómo no, gestión/aprendizaje del fracaso, objeto de esta obra.

4.2. Asumir lo que podemos cambiar (y lo que no)

Inspirándose en el trabajo original de Rotter (1966) sobre *locus de control externo* (LCE) y *locus de control interno/autocontrol* (LCI), en su difundido manual Covey (1989) distingue *tres áreas* según el creciente poder personal sobre cada una: área de impotencia/preocupación, área del círculo de influencia y área del locus de control interno o núcleo de poder. Tales áreas delimitan a su vez los *problemas* en tres tipos (Sánchez-Pérez, 2020):

- Los problemas de *control directo,* que dependen en exclusiva del LCI —o núcleo de poder— y se afrontan con disciplina, trabajando sobre decisiones, conductas y hábitos.
- Los problemas de *control indirecto,* que conciernen también a otras personas, se localizan en el círculo de influencia, pudiéndose actuar sobre ellos mediante acuerdos, cooperación y relaciones productivas.
- Los problemas de *control imposible/inexistente,* aquellos sin solución, situados obviamente en el área de impotencia/preocupación; sobre estos la única actuación posible es la actitud a mantener (ejemplos claros serían la pérdida de un ser querido o una catástrofe natural)[2].

---

[1] Si bien no se trata de un adjetivo peyorativo; habilidades «duras» son la negociación y el liderazgo, por ejemplo.

[2] Hay quien afirma que lo que carece de solución no es en sí un problema, sino un hecho.

El afrontamiento de la frustración y del fracaso debe, por lo tanto, enfocarse sobre las dos primeras categorías de problemas, de competencia personal y social, respectivamente. En cuanto a la tercera, uno de los autores más relevantes de la psicología científica, Martin Seligman, atribuye la emoción de *indefensión aprendida* a situaciones frente a las que el individuo carece de control, lo cual le genera sensación de fracaso y depresión (Seligman, 1975).

Profesionales expertos en emociones (por ejemplo, Oatley y Johnson-Laird, 1987) vinculan las mismas a la medida en que cada persona va consiguiendo sus objetivos vitales: así, la *felicidad* se corresponde con el logro de tales metas; la *ira,* a la frustración de un plan concreto; la *ansiedad social,* hacia alguna amenaza sobre la forma/imagen con que una persona se presenta ante los demás... La emoción más invasiva y bloqueante es la *tristeza* —y su hermana mayor diagnóstica, la *depresión*—, atribuible al fracaso/incapacidad para conseguir uno o varios objetivos (Avia y Vázquez, 2011).

Sánchez-Pérez (2020) detalla además una serie de *patrones de pensamiento peligrosos* —a menudo presentes en la experiencia de fracaso— que conviene desterrar, recurriendo por ejemplo a técnicas para detención del pensamiento (Jara, 2016): filtro/sesgo confirmatorio negativo, catastrofismo, baja autoestima, exageración, personalización victimista e hiperperfeccionismo.

En este capítulo se adopta una perspectiva más *paliativa/terapéutica* que preventiva sobre el binomio fracaso-frustración; más que para evitarlo, lo que suele resultar complicado al tratarse de problemas del tercer tipo —que escapan al control de la persona—, van a proponerse estrategias para superar sus efectos negativos —depresión, baja autoestima— una vez experimentado.

En fin, retomando el título de este epígrafe, la llamada *plegaria de la serenidad* —atribuida a varios autores, de san Agustín a santo Tomás de Aquino— propone aceptar así nuestros límites de acción: «Señor, dame fortaleza para cambiar lo que puedo cambiar, serenidad para aceptar lo que no puedo cambiar, y sabiduría para comprender la diferencia».

4.3. Algunas propuestas psicoterapéuticas

4.3.1. Sintomatología, etiología y afrontamiento de la atiquifobia

Un interesante modelo de afrontamiento es la propuesta de la psicóloga clínica Francesca Román[3] a partir de ciertos indicadores de padecer atiquifobia —miedo irracional al fracaso—, donde el *síntoma principal* sería la «evitación de actividades donde la persona se siente examinada, evaluada o puesta a prueba», acompañado de una serie de *síntomas secundarios,* sobre todo:

- Ansiedad elevada, manifiesta en temblores, sudoración, taquicardia o molestias gástricas —por ejemplo, diarrea, dolor estomacal— en el momento de acometer la actividad donde la persona teme equivocarse y fracasar.
- Bloqueos cognitivos —quedarse en blanco— cuando tal persona se examina o se expone a una actividad pública.
- Necesidad de perfección en casi todo lo que se hace.
- Gran exigencia y rigidez consigo misma.
- Autoestima y autoimagen a menudo negativas.

La misma profesional sugiere una relación de posibles *causas* de esta fobia:

- Padres/tutores muy rígidos y exigentes, que demandan perfeccionismo y excelencia a sus hijos mediante una fuerte presión que no disculpa un simple suspenso y les genera inseguridad y temor, sintiéndose «obligados» a triunfar.
- Autoimagen negativa, que conduce a que la persona interiorice *creencias negativas* —por ejemplo, «no soy lo bastante buena para…», «no sería capaz de…»— y en consecuencia desarrolle la conducta evitativa referida antes como síntoma fundamental del miedo al fracaso.

---

[3] https://centrumpsicologos.com/blog/atiquifobia-miedo-fracaso

- Miedo al éxito, ya que, aun resultando paradójico, el triunfo implicaría para algunas personas una «sensación de vértigo incómoda» —según Román— por los cambios que el éxito pueda acarrear, entre ellos el abandono de la zona de confort donde pacen sin mayor estrés, boicoteando así situaciones de posible éxito[4].

Para tratar esta fobia, en la consulta que ella dirige aplican técnicas como la hipnosis clínica y la terapia EMDR —siglas en inglés para *desensibilización y reprocesamiento por movimientos oculares*[5]—, basada en la estimulación bilateral visual, auditiva o táctil de los hemisferios cerebrales.

Un ejemplo llamativo entre las llamadas técnicas de choque forzado sería lo que podemos denominar *fracaso inducido.* Así, una psicóloga infantil relataba a uno de los autores del manual cómo trabajó con una paciente obsesionada por «ser perfecta» —un síntoma secundario entre los enunciados antes—, una elevada autoexigencia por ese miedo/fobia a defraudar a los demás que le producía sufrimiento. A esta niña le pidió que no completase los deberes escolares, que realizase mal adrede algunos dibujos o que fallase a propósito en algunas tareas requeridas; luego, comprobaba durante un tiempo que el afecto de sus familiares, docentes, amistades y compañeros de clase no disminuía por ello, incluso que bromeaban con tales errores y despistes simulados y le hacían sentirse más cercana a estas personas, desdramatizando así sus presuntos *fracasitos* y «vacunándola» frente a la posible comisión de los mismos en el futuro de forma ya no intencional.

Este caso ilustra la doble dirección para enfocar el tratamiento de la fobia: *preventivo* —desarrollando cierta «inmunidad» antes de que se desencadene— y *paliativo,* con fin terapéutico/curativo una vez manifestado tal problema. El afrontamiento óptimo del miedo al fracaso debe educar en ambos sentidos.

---

[4] En el tercer capítulo ya se citó la *fobia del éxito,* en apariencia contradictoria.

[5] https://centrumpsicologos.com/como-trabajamos/emdr

4.3.2. Optimismo y resiliencia

Siguiendo en lo fundamental el texto de Sánchez y Canales (2020), este apartado va a focalizarse sobre la posibilidad de entrenar ambas capacidades, a medio camino entre ser consideradas actitudes o aptitudes.

Los citados autores parten del riguroso metaanálisis realizado por Brunwasser et al. (2009) sobre la efectividad del *Programa de Optimismo de Pensilvania* (POP), según el cual la aplicación del mismo produce evidentes resultados positivos. Así, los participantes en dicho programa, en comparación con los grupos control/placebo que no lo disfrutaron, redujeron significativamente los síntomas de depresión y desesperanza, aminoraron los niveles de ansiedad y previnieron otros problemas de comportamiento.

Goleman (2011) informa de la eficacia de otros programas del estilo, como JOBS, que aplica el fomento del optimismo como técnica fundamental: los participantes lograron resultados mucho mejores en la búsqueda de empleo, materializados en puestos laborales de mayor calidad y mejor remunerados.

El entrenamiento del optimismo no es una quimera. Los trabajos de Sánchez y Méndez (2017), profesores en la Universidad de Murcia, han demostrado cómo puede pasarse de un pensamiento pesimista a otro optimista usando técnicas cognitivas, emocionales, atencionales y conductuales que aumentan la sensación de dominio sobre la vida propia —autocontrol—, combinando técnicas de la psicología tradicional con otras más actuales de la psicología positiva.

Estos autores denuncian a su vez los mensajes de *pseudoautoayuda* que suelen circular por redes sociales, tipo «tienes que ser optimista» o «sé feliz en pocos pasos», que a menudo pueden conllevar dificultades añadidas; así, personas que sufren un contratiempo pueden creer que «no deben» sentirse mal —un síntoma de debilidad—, por lo que, erróneamente, reprimen sus emociones, con el riesgo de adoptar nocivas estrategias de insensibilización y secuestro emocional (Nezu et al., 2014).

A partir de estas premisas, Sánchez y Canales (2020) detallan una serie de pautas para fomentar optimismo y resiliencia cuya extensión no permite su abordaje en este epígrafe; se recomienda consultar el capítulo citado, completado además con numerosos ejemplos aplicados e ilustraciones.

En el terreno de lo vivencial, una extraordinaria lección de resiliencia se encuentra en el testimonio de Miguel Quemada (2025), trasplantado de médula ósea «a tumba abierta» al descubrirle, en un análisis rutinario, un altísimo porcentaje de células cancerígenas en sangre, asociado a una leucemia mieloide aguda, una fatídica experiencia que recicló con optimismo: «La convalecencia de una enfermedad grave abre la ilusión de una segunda oportunidad, de revisitar sitios pensando que no cometeremos los errores de ayer, la quimera de renacer más sabios y, por tanto, libres de cometer desaciertos pasados».

4.3.3. Creatividad como terapia

Los psicólogos Corbalán y García (2020) dedican un capítulo a psicoterapias «creativas» para situaciones de fracaso. Entre sus sugerencias incluyen:

- 0 % de *negación del error:* la ignorancia del mismo garantiza su perpetuidad, aunque la negación suponga un clásico mecanismo de defensa.
- 0 % de *empecinamiento:* persistir en el error solo evidencia infantilismo emocional e inseguridad por temor al cambio, evitando la posible mejora.
- 0 % de *victimismo:* tal actitud es paralizante y destructora de posibilidades de superación, el fracaso no debe adueñarse del rumbo de nuestra nave.
- 100 % de *desprendimiento:* romper emocionalmente con un proyecto fracasado resulta trabajoso, pero tal liberación quita peso para otros nuevos.

- 100 % de *aprendizaje:* el fracaso es buen maestro, del que con humildad podemos aprender mucho, aquello de «unas veces se gana y otras...».
- 100 % de *creatividad:* la actitud creadora no debe descansar, abriendo siempre la mente a nuevas ideas y retos, explorando las «ocurrencias» y opciones alternativas que vaya deparando el pensamiento.

Estos autores hablan de *fracaso creativo* y del *ciclo creación-fracaso-creación:* frente a la autocomplacencia victimista/derrotista, el fracaso debe ser la espoleta, el motor de la iniciativa para mejorar mediante el impulso creativo. Citan aquello de que «el hambre aguza el ingenio»; situaciones de alta demanda alimentan la creatividad para resolverlas. De este modo, la creatividad se contempla —y así la cataloga la psicología positiva— como una fortaleza psicológica: «Según diferentes estudios, la creatividad, además de todo su potencial para la solución de problemas, influye de forma muy positiva en nuestro cerebro emocional, refuerza nuestro autoconcepto, nuestra autoestima, (...) favorece la adaptabilidad, facilita acciones prácticas a partir de ideas, descubre oportunidades escondidas donde otros las dejan pasar[6] y contribuye a mejorar la inteligencia» (Corbalán y García, 2020).

Tales beneficios, que avalan el poder terapéutico de la actitud/conducta creativa frente al fracaso, son resumidos por Rabadán y Corbalán (2011) en una doble dimensión: *personal,* ya que mejora nuestra autoestima, con la ganancias derivadas en felicidad y salud, además de las conseguidas en el plano profesional (promoción y prestigio laboral) y económico (las patentes y los modelos de utilidad generan ingresos, al igual que las creaciones como cuadros, libros, logos, anuncios, canciones, etc.); y *social,* dado que la creatividad genera ideas —luego convertidas en productos y servicios— de

---

[6] Un ejemplo de tales «ideas durmientes» es el descubrimiento —y la patente— de la *maleta con ruedas* por Bernard Sadow en 1970, a partir de un problema para acarrear el equipaje familiar durante un viaje y la pérdida de un vuelo, caso descrito en el epígrafe 1.3.

utilidad colectiva que contribuyen a mejorar el bienestar global, desde el goce estético de un poema o una melodía hasta el valor vital de un sistema de seguridad al volante.

A modo de anécdota sobre cómo convertir la frustración —de haber perdido un vuelo por causas ajenas a su proceder— y el fracaso asociado a dicha situación en un modesto ejercicio de «creatividad» literaria, puede leerse el relato de uno de los autores de este libro sobre una experiencia personal (Rabadán, 2010), «catartizando» así los sentimientos negativos derivados de la misma.

4.3.4. El poder del «todavía no»

Garrido (2020), en la misma obra colectiva, explica el poder del «todavía no», que relaciona con los estudios de Carol Dweck (2007) en la Universidad de Stanford sobre dos enfoques para afrontar el fracaso, fruto de dos visiones alternativas del talento y la inteligencia: el *enfoque fijo*, de personas que afrontan un reto como una oportunidad de mostrar sus capacidades, que deben resolver bajo la tiranía del «ahora»; y el *enfoque evolutivo/incremental*, de personas que aceptan el reto como una oportunidad de aprendizaje aunque «todavía no» estén preparadas para resolverlo, enfoque obviamente menos frustrante y más productivo, en continuo desarrollo. Según la profesora Dweck, el empleo en este contexto de la locución adverbial referida en el título del epígrafe procede de una escuela de Chicago donde a los menores que no conseguían aprobar algunas materias se les calificaba no ya como *suspenso/no-apto* sino como *todavía no*, instándoles a pensar que tal fracaso momentáneo era reflejo de un proceso evolutivo y un reto de futuro.

Garrido (2020) cita el interés que al respecto le despertó un artículo de García de Leaniz (2014), donde el autor usa la película *Al filo del mañana* (D. Liman, 2014)[7] para ilustrar las cuatro fases de un proceso de desarrollo profesional:

---

[7] Versión moderna del argumento de *Atrapado en el tiempo/El día de la marmota* (H. Ramis, 1993).

- Fase de *incompetencia inconsciente* o del «principiante entusiasta».
- Fase de *incompetencia consciente* o del «aprendiz desencantado».
- Fase de *competencia consciente* o del «experto inseguro».
- Fase de *competencia inconsciente,* cuando por fin se han adquirido —y a menudo automatizado— recursos que facilitan la excelencia profesional[8].

Garrido y Rabadán (2021) inciden en la gestión del miedo/fobia al fracaso como desafío nuclear para emprender con confianza, retomando tal diferencia entre la mentalidad fija y la mentalidad *evolutiva/incremental,* la segunda adaptable al cambio y al desarrollo, siempre con afán de aprender; se hizo alusión a la misma en el epígrafe 3.2, sobre el valor de la frustración.

Garrido (2020) concluye su texto con un pertinente análisis sobre lo que denomina «inhibidores», que impiden a mucha gente percibir ese lado positivo del fracaso; los agrupa en dos familias: *miedos* y *creencias.* Entre los primeros, todos aquellos corsés usados para tratar de transmitir una imagen sólida, «seria» y talentosa de nosotros. Incluye una reflexión de Neus Arqués (2007):

> El miedo es el freno más potente. Es cierto que resulta básico para la supervivencia. También lo es que, en dosis permanentes, resulta dañino y, en dosis altas, nos bloquea y nos adocena. Si el talento puede desarrollarse, ¿qué nos frena? Nos frena el miedo. Miedo a perder nuestra seguridad, a no estar a la altura, al qué dirán, a ser mal vistos o, peor aún, ignorados… Deberíamos darnos permiso para ser e imaginar (p. 108).

En cuanto a las creencias, se trata de esquemas mentales para filtrar la realidad, muchas de ellas actuando como pensamientos

---

[8] La tarea cotidiana de conducir un vehículo puede ilustrar bien las cuatro etapas, desde el temor y la inseguridad iniciales —tras una primera fase donde pensamos, ilusos, que iba a ser más fácil— hasta la automatización final del proceso, que permite mantener una conversación o escuchar la radio.

automatizados e inconscientes, que a su vez producen sentimientos y emociones negativos: enfado, frustración, pena, vergüenza, culpa, inseguridad... Creencias *limitantes,* asociadas a adverbios como «nunca» o «siempre» y a condicionales tipo «debería».

Merecen en este punto atención los trabajos de Pedro Jara[9] (2016, 2025) sobre detención de pensamientos intrusivos —e improductivos— y sobre técnicas para tal fin y para extinción de sentimientos de culpa, frustración y rabia.

4.4. Una propuesta particular como epílogo

Uno de los autores de esta obra, Rafael Rabadán, a partir de sus lecturas y de experiencias propias y ajenas —entre ellas las que ha escuchado relatar en diversos foros a sus compañeros «fracasólogos» y «fracasólogas»—, propone a modo de corolario de su capítulo esta *receta con cinco ingredientes* para afrontar el fracaso (Rabadán, 2020):

- **Humildad.** El desapego a nuestra imagen —a una imagen que deseamos «perfecta» e intocable— nos hace sufrir menos y, a la vez, por falibles, nos convierte en seres más atractivos y cercanos a ojos de los demás[10].
- **Resignación.** Enlazando con lo anterior y evocando el *memento mori* que el auriga susurraba a César al regreso de sus campañas triunfales[11], recordar que nuestra existencia es limitada y el éxito un adorno pasajero.

---

[9] Profesor también en la Universidad de Murcia y acreditado psicoterapeuta.

[10] El desapego es una saludable práctica, recomendada sobre todo por la espiritualidad budista.

[11] El aserto completo era *Respice post te, hominem te esse memento:* mira hacia atrás y recuerda que solo eres humano (no divino). Un ejemplo más próximo en tiempo y espacio es el de otro emperador, Felipe II, que en su lecho de muerte (El Escorial, 1598), tras una agonía de varias semanas con terribles dolores y el cuerpo llagado, pidió a sus hijos que observasen en qué terminan «las glorias de este mundo».

- **Paciencia.** Muchas oportunidades aparecen tras adversidades o fracasos, por lo que la paciencia, pariente de la esperanza, es fundamental[12].
- **Optimismo y autoconfianza.** Múltiples experiencias y experimentos demuestran que los pensamientos positivos generan resultados positivos; la confianza en uno mismo y en quienes nos rodean es una de las mejores terapias para la superación[13].
- **Autoindulgencia.** Como se propuso en el capítulo inicial, es muy «rentable» emocionalmente aprender a disculparse a uno mismo y a compartir los errores, positivándolos como anécdotas, sin culpabilizarte en exceso[14].

En definitiva, no existiendo fórmulas ni terapias «mágicas» para superar el fracaso, lo más efectivo es el cambio de mentalidad, la adopción de otra perspectiva para percibirlo. Como remarcan Corbalán y García (2020), «*fracasar* es un verbo imprescindible para una biografía plena y creativa. Ser un *fracasado* es propio de una mente aplastada y dormida bajo el peso de un dolor infantil y egocentrista; ser *fracasante* es mostrar una actitud constructiva, saludable y creativa ante la desazón propia del fracaso. (…) La gestión del mismo nos aportará algo positivo, más sabiduría, o sus peores cadenas, el empecinamiento y la parálisis. Lo relevante no es *no fracasar* sino, tras el fracaso, salir, crecer, creer —en uno mismo— y crear».

Un historial de fracasos revela, es obvio, un historial de emprendimientos.

---

[12] Irene Villa, en un artículo sobre esta virtud (*Yo Dona*, 25 de enero de 2020), recordaba que según Kant la paciencia es la fortaleza del débil y la impaciencia la debilidad del fuerte; no basta con el talento —a menudo un regalo de la genética—, hay que cultivar una meritoria actitud perseverante.

[13] No solo nos referimos al obvio efecto sanador de la fe en el/la médico —aunque recete placebos— sino a líneas de pensamiento y acción como las de Viktor Frankl, Deepak Chopra y tantos otros. La autoconfianza es «el primer secreto del éxito», según el sabio Emerson (1841).

[14] El epígrafe 1.2 del primer capítulo, «La cara B —beneficiosa— del fracaso», trató sobre esto.

5

APRENDER A TIEMPO DE LOS ERRORES

Este capítulo, dedicado como el resto del libro a la memoria del compañero «fracasólogo» Paco Provencio, nace de una conversación pendiente. Una que no pudimos tener, pero que Paco nos dejó escrita entre líneas, en cada reflexión, en cada historia compartida. Su forma de hablar del fracaso, sin adornos, sin miedo, y con el respeto que merece quien se ha caído y ha sabido levantarse, sigue siendo hoy una lección imprescindible. Por eso, lo que aquí se presenta no es solo una propuesta metodológica sobre cómo identificar y prevenir errores. Es también un homenaje. A su mirada honesta, a su estilo directo y a su forma de acompañar sin juzgar.

Hasta hace poco, el fracaso se ocultaba. Era algo de lo que no se hablaba, como si reconocerlo supusiera una derrota personal. Pero cada vez más emprendedores se atreven a decirlo en voz alta: no todo salió como esperaban. Y eso no los convierte en menos válidos. Al contrario. Les ha permitido aprender. De ahí que este capítulo busque ofrecer herramientas prácticas, realistas, para que otros puedan reconocer a tiempo las señales de alerta, analizar los errores cometidos y evitar repetirlos en el futuro.

5.1. Reconociendo los posibles errores y señales de alerta

Una de las enseñanzas más repetidas en las reuniones del Foro Ilusionando, creado por Provencio, era esta: «quien emprende, se equivoca». Además, quien no quiere ver sus errores, los repite. La dificultad no está solo en asumir que algo ha fallado. Está en verlo a tiempo. En detenerse antes de que sea demasiado tarde. Por eso, en el camino de emprender, una de las claves es aprender a ver con honestidad qué no está funcionando. Sin excusas ni dramatismos.

Con el tiempo, se han ido identificando tres grandes tipos de razones por las que un proyecto puede venirse abajo: *causas internas, causas externas* y *factores emocionales.* No es cuestión de encasillar, sino de entender mejor qué está pasando y por qué. A veces la clave está en la falta de planificación: no tener claros los costes, los canales de distribución, los perfiles del equipo o los márgenes. Otras veces, es la ausencia de recursos, especialmente financieros, lo que termina por ahogar una buena idea de negocio. En muchos casos, no se trata de una gran crisis, sino de una suma de pequeñas grietas que se han dejado sin revisar. Por ello, es fundamental vigilar permanentemente los KPI[1] específicos de control financiero. Con el fin de estar bien informado, te facilitamos una tabla con las 12 alertas financieras más relevantes, cada una con su KPI específico de control y el valor de referencia considerado normal. Esto te permitirá detectar de forma precisa cuándo un negocio empieza a desviarse de su estabilidad financiera.

---

[1] Un KPI (indicador clave de desempeño) es una forma de medir si lo que estamos haciendo va bien o no. Nos ayuda a saber, con datos concretos, si estamos en el camino correcto o necesitamos hacer ajustes. Sin medir, es muy fácil perderse y fracasar.

TABLA 5.1

Alertas financieras tempranas con KPIs de control

Alerta financiera	KPI de control	Valor de normalidad (puede variar según sector)
Disminución de ingresos mensuales.	Ingresos mensuales vs. media de los últimos 12 meses.	≥ 95 % del promedio histórico (estacionalidad de las ventas).
Margen bruto decreciente.	Margen bruto (%) = (Ventas - Coste deventas)/Ventas.	≥ 30 %.
Rentabilidad operativa.	EBITDA/Ingresos.	≥ 15 % (varía según sector).
Margen neto final[2].	Lo que realmente ganas al final.	≥ 10 % (varía según sector).
Problemas liquidez operativa.	Ratio de liquidez corriente (Activo corriente/Pasivo corriente).	≥ 1.2.

---

[2] Aclaración de algunos indicadores que te pueden guiar en tu negocio:

EBITDA: ¿Cuánto generas con tu actividad principal antes de pagar nada importante (ni bancos, ni Hacienda, ni amortizaciones)? Por ejemplo, tu negocio ha vendido un millón de euros en el último año. Un EBITDA normal podría ser 150.000 €.

EBITA: Igual que el EBITDA, pero ya le restas las amortizaciones, es decir, ya cuenta con el «desgaste» de maquinaria, software, etc. En nuestro ejemplo, este indicador podría ser EBITA de 130.000 €.

EBIT: Como el EBITA, pero también incluye la depreciación de activos (como el edificio, por ejemplo). Se acerca más al beneficio real operativo. Siguiendo nuestro ejemplo este indicador podría estar en 120.000 €.

MARGEN NETO: Lo que realmente ganas al final del todo. En nuestro ejemplo podría ser 100.000 € (pues ya restaste impuestos, intereses, etc.).

Los datos de los indicadores en este ejemplo han sido calculados con los valores normales de cada uno de ellos, aunque estos pueden variar según el sector donde este la actividad del negocio.

TABLA 5.1 *(continuación)*

Alerta financiera	KPI de control	Valor de normalidad (puede variar según sector)
Endeudamiento excesivo.	Ratio de endeudamiento (Pasivo total/Patrimonio neto).	≤ 1.5.
Mora en cuentas por cobrar.	Días de cuentas por cobrar.	≤ 45 días.
Incremento de costes fijos sin control.	Costes fijos/Ingresos totales.	≤ 40 %.
Alta concentración de clientes.	Porcentaje de ingresos del *top* tres clientes.	≤ 40 % de los ingresos.
Desviación significativa del presupuesto.	Desviación presupuestaria (%).	≤ ±10 %.
Rotación de inventario ineficiente.	Rotación de inventario = Coste ventas/Inventario medio.	≥ seis veces al año (varía según sector).
Falta de seguimiento de indicadores financieros.	Número de KPIs actualizados mensualmente.	≥ 90 % de KPIs clave actualizados.

También hay fracasos que se explican por no haberse adaptado a tiempo a los cambios. Mercados que evolucionan, hábitos de consumo que giran, normativas que se endurecen. Mientras todo esto está pasando, hay empresas que no se mueven, o no lo hacen hasta que ya es demasiado tarde. Aquí, la vigilancia del entorno no es una tarea solo de «los de marketing», sino una actitud general del equipo directivo. No basta con mirar hacia dentro, hay que mirar también hacia fuera (Munuera y Rodríguez, 2006).

A continuación, en la tabla 5.2 te mostramos las alertas comerciales tempranas principales, cada una con su KPI específico y el valor de normalidad recomendado, tal como hicimos anteriormente con las alertas tempranas financieras. Llevar una vigilancia continuada sobre dichos indicadores de desempeño se convierte en herramienta clave, para anticiparse a problemas en ventas, clientes y rendimiento comercial.

TABLA 5.2

Alertas comerciales tempranas con KPIs de control

Alerta comercial	KPI de control	Valor de normalidad (puede variar según sector)
Caída sostenida en las ventas mensuales.	Ventas mensuales *versus* media últimos seis meses.	≥ 90 % de la media histórica.
Pérdida de clientes habituales.	Tasa de recompra o repetición de clientes.	≥ 30 %.
Falta de nuevos clientes.	Porcentaje de clientes nuevos sobre el total mensual.	≥ 10 %.
Falta de nuevos contactos comerciales.	Número de nuevos clientes potenciales contactados al mes.	≥ 10 contactos reales al mes.
Bajada en la tasa de cierre de ventas.	Tasa de cierre de oportunidades reales.	≥ 15 %.
Reducción del importe medio por venta.	*Ticket* medio (importe por venta).	≥ media del negocio último trimestre.
Aumento de quejas o devoluciones.	Porcentaje de devoluciones o reclamaciones.	≤ 5 %.
Desviación en los objetivos de venta.	Porcentaje de cumplimiento mensual del objetivo de ventas.	≥ 90 %.
Falta de seguimiento a oportunidades reales.	Porcentaje de oportunidades comerciales atendidas.	≥ 85 %.
Baja retención de clientes a largo plazo.	*Customer Retention Rate* (CRR).	≥ 70 %.
Dependencia creciente de descuentos para vender.	Porcentaje de ventas con descuento sobre total de ventas.	≤ 20 % de las ventas mensuales.
Dependencia de un único canal de venta o cliente clave.	Porcentaje de ventas generadas por el canal principal o cliente clave.	≤ 60 % en un solo canal o cliente clave.

En cuanto a los factores externos, hay variables que el emprendedor no puede controlar, pero sí anticipar. La inestabilidad política, las disrupciones tecnológicas o las nuevas exigencias medioambientales afectan directamente a la viabilidad de muchos negocios. No tener en cuenta estos elementos es cerrar los ojos ante una realidad que no deja de cambiar. Por eso, una buena práctica consiste en revisar periódicamente qué puede estar amenazando la actividad, aunque todo parezca estar funcionando bien.

El tercer grupo, y quizá el más invisible, tiene que ver con lo emocional. Provencio (2020) lo recordaba con claridad: «muchos proyectos se vienen abajo no por falta de ideas, sino por falta de convicción». Cuando alguien no cree de verdad en lo que hace, lo normal es que abandone ante la primera dificultad. O que se frustre rápidamente y empiece a dudar de todo. También pasa lo contrario: hay quien confunde pasión con obstinación, y sigue invirtiendo tiempo y recursos en algo que no tiene futuro, solo porque no quiere asumir que se equivocó.

En este punto, hay señales que suelen repetirse: retrasos constantes en los pagos, pérdidas continuadas, desmotivación del equipo, quejas frecuentes de clientes, falta de objetivos claros o un ambiente tenso y desorganizado. Cuando varias de estas señales aparecen juntas, es momento de parar. De mirar con calma. De hacer preguntas incómodas. Porque el error más grave no es fracasar, sino ignorar las señales que lo anunciaban.

La propuesta no es vivir en alerta permanente, ni caer en el miedo constante a equivocarse. Lo que se sugiere es construir un sistema de autodiagnóstico honesto, que permita revisar periódicamente cómo están las cosas. Como decía Paco en las reuniones: «la mayoría de los errores que hemos vivido podrían haberse evitado si alguien hubiera levantado la mano a tiempo y dicho: esto no va bien».

Ver los errores no siempre es agradable. Pero es mucho más útil que no verlos. Sobre todo, porque es la única forma de corregir a tiempo, sin tener que lamentar consecuencias mayores. En los próximos apartados veremos cómo analizar esas causas, cómo aprender de ellas y cómo transformar cada caída en una oportunidad real de mejora. Porque fracasar, como también decía nuestro añorado Paco, no es el final del camino. Es el inicio de otra manera de recorrerlo con más sabiduría.

5.2. Análisis de los fracasos pasados y sus causas

A veces los errores se repiten no porque sean inevitables, sino porque no los analizamos a tiempo. Cerramos una etapa, iniciamos otra, y lo hacemos sin revisar en serio qué ha fallado y por qué. Esto, que parece algo menor, puede convertirse en un problema importante cuando volvemos a tropezar con las mismas decisiones mal tomadas, con la misma falta de previsión o con el mismo exceso de confianza. Por eso creemos que una parte clave del proceso emprendedor es mirar hacia atrás con calma, sin culpa y con una buena disposición para aprender de lo sucedido.

En los encuentros del Foro Ilusionando hemos escuchado muchas historias de fracaso. Algunas de ellas con detalles que se repiten más de lo que pensamos. No se trata de dramatizar, ni de convertir el error en un relato épico. Se trata de aprender. Porque cuando uno no se detiene a entender qué pasó, no solo pierde información útil: pierde la oportunidad de mejorar.

Muchas veces lo que falló no fue la idea de negocio, sino su ejecución. O no fue el producto, sino la forma de lanzarlo al mercado. O no fue el equipo, sino el estilo de liderazgo que ejercimos. Todo esto no se puede ver si no se hace un ejercicio serio de análisis, sin justificaciones y sin maquillajes.

También sabemos que hay fracasos que no dependen solo de nosotros. Cambios en el mercado, subidas de costes, decisiones políticas o simplemente estar en el lugar adecuado, pero en el momento inadecuado. En estos casos, el error no es haber fallado, sino no haber previsto ciertos riesgos o no haber tenido margen de maniobra. No todo se puede controlar, pero sí se puede aprender a reaccionar mejor la próxima vez.

Otra enseñanza clara que extraemos de estas experiencias es que hay patrones que se repiten: proyectos que empiezan con ilusión, pero sin una estrategia clara; negocios que funcionan al principio, pero que no se adaptan cuando cambia el entorno; equipos que se desmotivan porque no hay un propósito claro ni una comunicación constante. No estamos descubriendo nada nuevo. Lo que intentamos es ponerle nombre para que no pase desapercibido.

Creemos que conviene preguntarse, con cierta frecuencia, si el rumbo que llevamos es el adecuado. Si los indicadores que nos guían son fiables. Si el equipo está alineado o simplemente funcionando por inercia. Si los resultados que obtenemos tienen coherencia con el esfuerzo que hacemos. Este tipo de preguntas no garantizan el éxito, pero sí ayudan a evitar errores previsibles.

Hay quien no quiere mirar atrás porque teme encontrarse con lo que no hizo bien. Pero ese miedo no sirve de nada. Lo importante es recoger los datos, observar con serenidad, detectar los fallos y tomar nota. De eso se trata: de entender lo que ha ocurrido para no repetirlo y, sobre todo, para tomar decisiones mejores la próxima vez.

El error no nos convierte en peores personas. Nos convierte en profesionales más conscientes. No estamos hablando de un examen de conciencia, sino de un ejercicio de responsabilidad. Quien no analiza, repite. Quien no aprende, retrocede. Pero aquel que se atreve a revisar sus fallos sin miedo, avanza por el camino correcto.

5.3. Construcción de una red de apoyo y asesoramiento

Nadie emprende solo, aunque a veces lo parezca. Por muy preparado que uno esté, por muchas ganas que tenga, siempre hay momentos en los que hace falta hablar con alguien. Escuchar otra voz. Mirar el problema desde fuera. Para conseguir esto es necesario tener una red, no para tener contactos, sino para sentir un apoyo real.

Uno de los peajes más duros de emprender es la soledad. Sentirse solo con las decisiones, con las dudas o con los problemas del día a día. No saber si vas por buen camino, ni tener con quién contrastarlo. En esos momentos, contar con alguien que te escuche de verdad, que te diga lo que piensa sin juzgar, puede marcar la diferencia. No se trata de crear un comité de sabios. Se trata de tener cerca a personas que te digan la verdad, aunque no te guste. Sobre todo que estén cuando las cosas se tuercen, no solo para aplaudir cuando van bien.

Esta red puede tener muchas formas. A veces está compuesta por otros emprendedores que han pasado por situaciones parecidas. Otras veces son antiguos socios, mentores, familiares o incluso clientes que han visto tu evolución y entienden de qué va tu proyecto. No todos los apoyos tienen que venir del mundo empresarial. En ocasiones una conversación honesta con alguien ajeno al negocio da más claridad que cien reuniones.

En los encuentros del Foro Ilusionando lo vimos muchas veces: quien se rodea bien, se equivoca menos. No porque tenga todas las respuestas, sino porque no se encierra en sus propios miedos. Porque se atreve a compartir dudas y errores. Y al hacerlo, los aligera. A veces basta con que alguien te diga: «eso que te pasa, ya me pasó a mí», para empezar a verlo de otra manera.

Lo importante no es el número de personas que tengas cerca, sino la calidad de esas relaciones. Gente que no te juzgue. Que entienda que emprender es arriesgar, y que el riesgo lleva implícito el error. Personas que sepan acompañar sin imponer, escuchar sin interrumpir y aconsejar sin mandar.

Por eso, animamos a construir esa red con tiempo. Antes de que haga falta. Antes de que llegue la tormenta. Porque cuando todo va bien, es fácil rodearse. Pero en los momentos difíciles es cuando uno descubre quién está de verdad. Construir esa red no es una tarea secundaria. Es parte del proyecto. Porque detrás de cada emprendedor que se levanta tras un golpe, suele haber alguien que estuvo ahí, sosteniendo en silencio. Y eso también forma parte del éxito.

5.3.1. Foro Ilusionando: un excelente ejemplo de grupo de apoyo para el emprendimiento

Hay espacios que nacen casi por casualidad, pero acaban siendo imprescindibles. Ilusionando es uno de ellos. Un grupo de personas vinculadas con el mundo empresarial que, desde hace años, se reúnen no solo para hablar de negocios, sino para compartir lo que casi nunca se dice en voz alta: los errores, las dudas y los fracasos.

Todo empezó en abril de 2010, durante una comida entre amigos aprovechando las Fiestas de Primavera de Murcia. Lo que parecía una reunión informal terminó abriendo una puerta inesperada. Entre risas y conversación, alguien dijo lo que muchos pensaban: que, en vez de solo pasar un buen rato, podíamos empezar a escucharnos de verdad. Aprender unos de otros. Apoyarnos. De esta manera tan espontánea surgió la idea de crear un espacio donde compartir experiencias, inquietudes y proyectos, sin filtros y sin adornos. Como se habla entre iguales, que comparten ideas y creatividad para buscar nuevas fórmulas para salir adelante en momentos difíciles (Carevic-Johnson, 2006).

Desde entonces, Ilusionando ha ido creciendo. Nos seguimos reuniendo cada dos o tres meses. La estructura es sencilla: una persona invitada comparte su historia, casi siempre desde dentro, sin maquillaje. Luego abrimos un coloquio, donde los asistentes preguntan, comentan, discrepan o simplemente escuchan. Posteriormente, cerramos con una cena informal, de pie, en la que es más fácil conversar y conectar sin jerarquías ni protocolos. Lo importante es que todos se sientan parte.

Lo que ocurre en esas reuniones va más allá de los consejos prácticos. Lo que de verdad transforma es el clima de confianza. Porque escuchar a alguien que ha pasado por lo mismo que tú —y que se atreve a contarlo sin vergüenza— alivia y anima. En tiempos difíciles, eso ya es mucho.

Los perfiles del grupo son variados: empresarios, directivos, responsables de producto, expertos en exportación, profesionales del marketing, técnicos informáticos, profesores, asesores y muchas otras profesiones. Personas distintas, con trayectorias distintas, que comparten una cosa: las ganas de no quedarse solas en el camino. Esa diversidad, lejos de ser un problema, es una de las mayores riquezas del foro. Permite que surjan colaboraciones, que se generen ideas nuevas o que uno encuentre justo la pieza que le faltaba.

El Foro Ilusionando nació en plena crisis económica, cuando todo parecía cuesta arriba. Y quizá por eso ha funcionado: porque no buscábamos recetas mágicas, sino acompañamiento real. En una época donde solo se hablaba de problemas, nos propusimos algo sencillo pero poderoso: animar a los demás. Porque, a veces, el mejor antídoto para el desánimo propio es ayudar a levantar a otro. «Ayúdame y te habré ayudado», cantaban Los Secretos.

Hoy, muchos años después, el Foro Ilusionando sigue vivo, aunque su fundador, Francisco Provencio, nos abandonó —en este plano de existencia—, en agosto de 2024. El grupo ha madurado y se ha profesionalizado, pero conserva el mismo espíritu: aprender juntos, compartir lo que duele, pero, sobre todo, celebrar lo que sale bien.

5.4. Errores comunes y reacciones cuando fracasa el negocio

Hay errores que duelen y, además, se repiten. Otros muchos que podrían haberse evitado si alguien hubiese levantado la mano a tiempo. No se trata de buscar culpables, ni de convertir cada fallo en un drama. Se trata de entender qué suele fallar y por qué. Porque cuando uno reconoce sus errores sin excusas, empieza a hacer las cosas de otra manera.

A lo largo de estos años, en el Foro Ilusionando y en muchas conversaciones con emprendedores, hemos visto que casi todos los fracasos se pueden explicar, tal como hemos comentado anteriormente, por tres grandes grupos de causas: *internas, externas* y *emocionales.* No es una clasificación académica. Es una forma sencilla de ordenar lo que vemos cada vez que algo se rompe por dentro, por fuera o por ambos lados.

Causas internas

Una de las más habituales es empezar sin haber planificado nada en serio. Tener una idea está bien. Pero una idea no es un proyecto. Muchos emprenden sin saber cuánto les va a costar, qué clientes van a tener, cómo van a darse a conocer, qué necesitan para funcionar cada mes y con quién pueden contar. Se lanzan sin conocer bien el terreno, suponiendo que es un camino recto. Por eso, cuando llega la primera curva, no saben cómo girar.

Otro error muy común es no tener los recursos necesarios. Por supuesto, no hablamos solo de dinero. A veces falta gente con experiencia, perfiles técnicos, tiempo real para dedicarle al negocio. O simplemente no hay una red de apoyo que sostenga cuando uno empieza a flaquear. El problema no es no tenerlo todo, eso es lo normal al empezar. El problema es no reconocerlo y seguir actuando como si todo estuviera bajo control.

También pesa mucho no tener ventajas claras frente a la competencia. En un mercado con tantas opciones, diferenciarse no es un lujo, es una necesidad. Si tu *propuesta de valor*[3] no está suficientemente diferenciada o lo que ofreces no tiene algo especial, el cliente solo te va a elegir por precio. Teniendo en cuenta que, si te elige por precio, ya sabes que el que va a perder siempre eres tú. Por eso es clave saber dónde está tu valor añadido. Qué haces mejor, qué haces distinto y por qué alguien debería elegirte a ti.

Además está el error de no adaptarse a tiempo. El entorno cambia. Los clientes cambian. Lo que funcionaba hace tres años, ahora no sirve. Pero hay empresas que siguen haciendo lo mismo, como si nada. Por ello, fracasan cuando quieren reaccionar, ya van tarde. La adaptación no es cosa del departamento de innovación. Es una actitud. Es observar, escuchar y ajustar, pero sobre todo actuar en el momento oportuno.

---

[3] Una *propuesta de valor* es decir con claridad qué ofreces, a quién se lo ofreces y por qué debería elegirte a ti para hacer su compra. Si no sabes responder a eso, el cliente tampoco lo sabrá. Por lo tanto, lo más probable es que vaya a hacer su compra a la competencia.

Causas externas

También fallan los que no miran fuera. Hay quienes están tan volcados en su negocio que se olvidan de observar lo que pasa alrededor: cambios políticos, nuevas leyes, avances tecnológicos, hábitos de consumo que giran sin avisar. No lo controlamos, pero sí podemos anticiparlo. El problema es cuando lo ignoramos. Cuando creemos que todo está bajo control y de pronto nos cambia el terreno bajo los pies.

Asimismo hay quien se mete en un sector sin conocerlo. No ha estudiado bien a la competencia, no sabe cómo funciona la cadena de valor, ni quién es su cliente ideal. En consecuencia, se estrella. Porque en cada sector hay dinámicas, ritmos y reglas no escritas que uno tiene que entender antes de entrar. Nadie te las cuenta en un máster. Las aprendes hablando con los que ya están dentro, preguntando, observando y, sobre todo, escuchando más que hablando. A veces, el problema no es el entorno en sí, sino el desconocimiento del mismo. Pero eso lo podemos arreglar, basta con preguntar más y suponer menos.

Causas emocionales

Sin duda alguna, lo más difícil de gestionar es lo que pasa por dentro. Lo que uno siente cuando las cosas no salen, cuando aparecen las dudas, cuando te das cuenta de que la realidad no era como la imaginaste. Aquí es donde muchos proyectos se caen. No por falta de clientes, ni de financiación, sino por desgaste emocional. Por soledad. Por cansancio. Por no saber cómo sostenerse a uno mismo cuando el viento sopla en contra.

Hemos conocido emprendedores con grandes ideas que acabaron dejando todo por falta de convicción. Porque en el fondo no creían del todo en lo que estaban haciendo. Otros, en cambio, confundieron la pasión con la tozudez. Siguieron invirtiendo tiempo y dinero en algo que ya no tenía sentido, solo por no admitir que había que parar. La perseverancia es clave, pero no a cualquier precio. Hay que saber cuándo seguir y cuándo cambiar. No es rendirse. Es tener la lucidez de ver que no vamos bien y el coraje de asumirlo.

Igualmente es fundamental la actitud. No solo la capacidad técnica. Hablamos de tener la fuerza para soportar los altibajos, para gestionar la incertidumbre, para motivar al equipo cuando tú mismo estás agotado. La capacidad se aprende. La actitud se cultiva. Pero, sobre todo, es lo que marca la diferencia. Hay personas que, al primer tropiezo, tiran la toalla. Otras, en cambio, lo ven como un aviso. Como una oportunidad para revisar, ajustar y volver a intentarlo. Esa diferencia tiene mucho que ver con la forma en que uno entiende el fracaso.

En este libro hemos insistido en ello, y lo volveremos a hacer: fracasar no es el problema. El problema es rendirse a la primera. Creer que un error define lo que uno vale. El fracaso no es el final del camino. A veces es solo una curva que obliga a girar, para tomar la dirección correcta.

El riesgo es parte del juego. La clave está en cómo lo asumimos. En cómo reaccionamos cuando las cosas no salen como queríamos. Pero, sobre todo, qué aprendemos de cada tropiezo. Porque, en el fondo, los errores son solo eso: una forma más de seguir aprendiendo. Como advierte Ray Kroc, «si no te gusta tomar riesgos, sal corriendo del negocio».

A partir de investigaciones académicas, artículos especializados y, sobre todo, de muchas experiencias compartidas por emprendedores en entrevistas, hemos intentado resumir cuáles son las respuestas más habituales cuando alguien se enfrenta al fracaso de un negocio. No son teorías abstractas. Son reacciones reales que vemos una y otra vez en el mundo emprendedor. Algunas nos frenan. Otras nos empujan en la dirección equivocada. Solamente unas pocas nos permiten avanzar con más claridad. En palabras de Barrón y Sánchez (2022), la resiliencia organizacional implica tanto la flexibilidad de la respuesta como la capacidad de aprendizaje tras el error. A continuación, las presentamos de forma sencilla, para poder identificarlas y aprender a gestionarlas mejor.

TABLA 5.3

Respuestas habituales ante el fracaso de un negocio

	Respuesta habitual	Descripción
1	Negación de la evidencia.	Se insiste en mantener el negocio pese a los signos claros de que no funciona. No se acepta que tal vez lo mejor sea detenerse a tiempo.
2	Abandono inmediato del proyecto.	Se renuncia al proyecto demasiado pronto, por impaciencia o por esperar resultados inmediatos sin dar margen suficiente.
3	Búsqueda de culpables.	Se culpa a otros o a factores externos sin hacer una revisión honesta de las propias decisiones o carencias.
4	Excesivo victimismo.	Se adopta una postura de víctima permanente, donde todo lo negativo se atribuye a los demás y se pierde responsabilidad personal.
5	Caída en la frustración e incapacidad de ver alternativas.	El fracaso se interpreta como un final definitivo. Se pierde la confianza en uno mismo y no se vislumbran nuevas oportunidades.
6	Respuesta constructiva.	Hay quienes, tras el golpe, hacen una pausa, revisan lo ocurrido, aprenden con humildad y se preparan mejor para volver a intentarlo. No lo viven como un final, sino como una lección.

5.5. Extrayendo lecciones y aprendizajes significativos

En el emprendimiento no basta con ver los errores. Hace falta aprender de ellos. El fracaso, si se mira bien, enseña. A veces lo hace con dureza, otras con más sutileza. Pero siempre deja una pista. Una llamada de atención. Una oportunidad de parar, revisar y corregir. El problema es que no siempre queremos escuchar. Hay quien mira hacia otro lado. Hay quien pasa página demasiado rápido, como si el error no hubiese ocurrido. También hay quien se queda atrapado en él, sin ser capaz de obtener ningún aprendizaje. Lo que proponemos aquí es otro camino: detenernos, revisar y extraer lo que realmente nos puede servir para seguir adelante.

Aprender del fracaso no es un proceso automático. No basta con decir «ya lo he vivido, ahora sé más». Requiere intención. Requiere honestidad. Pero, sobre todo, requiere tomarse un tiempo para revisar lo ocurrido sin dramatismo, pero también sin excusas (Cyrulnik, 2002). Eso es lo que hemos aprendido de muchos emprendedores que han pasado por caídas duras y que, pese a todo, han sabido levantarse con más claridad. No con más certezas, pero sí con más criterio.

Una de las primeras cosas que conviene tener claras es que no todo lo que sale mal es un fracaso. A veces, simplemente, las cosas no encajan. El mercado cambia. El contexto se complica. Lo que antes funcionaba, deja de funcionar. No siempre hay una causa única. No siempre hay una explicación lógica. Pero incluso en esos casos, siempre podemos aprender algo. Aunque sea a mirar mejor. A anticipar. A hacer las preguntas que no hicimos a tiempo.

En el Foro Ilusionando hemos escuchado muchas historias que empezaban igual: «si lo hubiese sabido antes…». En la mayoría de ellas lo que no se sabía era algo que estaba ahí, pero que no se quiso ver. Falta de información. Malas previsiones. Decisiones tomadas con prisa o con exceso de confianza. Todo eso deja huella, pero también deja material para aprender.

Aprender de un fracaso no es solo detectar el error. Es también reconocer el impacto que ha tenido. En la esfera de lo personal, en el terreno económico o en lo emocional. Porque muchas veces lo que más cuesta no es entender por qué salió mal, sino asumir lo que ha supuesto. Aceptar la pérdida. Procesar la decepción. Para volver a mirar hacia adelante sin arrastrar culpas ni resentimientos (Brunwasser et al., 2009).

Un buen ejercicio consiste en preguntarse, con calma: ¿qué señales ignoré?, ¿qué decisiones tomé sin tener toda la información?, ¿a qué no le di importancia y luego fue clave?, ¿qué volvería a hacer igual?, ¿qué haría distinto? Pero, sobre todo: ¿qué he aprendido de mí mismo en este proceso? Estas preguntas no son un examen. Son una herramienta para que el error no se quede solo en un mal recuerdo, sino que se transforme en experiencia útil. Una forma de afinar la intuición. De mejorar la toma de decisiones. De fortalecer la actitud con la que enfrentamos los nuevos retos.

Hay emprendedores que, después de una caída, salen reforzados. No porque les guste fracasar, sino porque han sabido convertir la experiencia en una base más sólida. Lo que antes era ingenuidad, se convierte en madurez. Lo que antes era improvisación, se convierte en análisis. Lo que antes era entusiasmo desbordado, ahora se convierte en enfoque.

Esto no significa que haya que idealizar el fracaso. Nadie lo desea. Nadie lo busca. Pero cuando llega, negarlo no sirve. Culpar a otros, tampoco. Quedarse atrapado en la queja, menos aún. Lo único útil es hacer el ejercicio de revisar con honestidad y extraer lo valioso. Porque siempre hay algo que se puede aprovechar. Aunque cueste trabajo y duela el extraerlo.

No se trata solo de aprendizajes técnicos o estratégicos. También hay mucho que aprender en lo humano. Aprender a pedir ayuda. A reconocer límites. A aceptar que no podemos con todo. A escuchar más. A confiar en otros. A delegar. A parar cuando hace falta. A cambiar de rumbo sin que eso suponga una derrota. Pero, sobre todo, a ser humildes y reconocer cuándo un reto nos ha superado.

Muchos de los emprendedores que admiramos hoy tienen detrás un historial de fracasos. No uno, ni dos. A veces varios. Y lo cuentan no para lucirse, sino porque entienden que cada caída les enseñó algo que les permitió avanzar. Que, sin esas caídas, tal vez no habrían llegado tan lejos. Porque es ahí donde se templó su carácter, su criterio y capacidad de resistir.

Hay una idea que se repite en muchas de esas historias: al final, no fue el fracaso lo que definió su camino, sino lo que hicieron después. Cómo lo interpretaron. Qué decisiones tomaron a partir de ahí. Cómo eligieron reaccionar. Por eso creemos que la lección más importante es ver con claridad que el fracaso no nos define. Lo que nos define es lo que hacemos con él.

Por ello insistimos tanto en la necesidad de convertir cada experiencia fallida en un espacio de aprendizaje. No para castigarnos. No para hundirnos en el análisis eterno. Sino para aprender con humildad y seguir con más claridad. Con menos miedo. Con menos ingenuidad. Pero sí con más herramientas y sabiduría.

A lo largo de este texto ha aparecido ya varias veces el término *humildad,* referido a una actitud —o habilidad— básica para ser receptivos a nuevos aprendizajes y retos. Es relevante, por tanto, aludir a uno de sus opuestos, la *vanidad,* de la cual conviene despojarse para procurar tal apertura. Al respecto resulta interesante la reflexión de Lahuerta (2021): «Aprendí tarde que la vanidad mal gestionada está en el origen de todas nuestras desdichas y que deshacerse de ese lastre es el único cielo que realmente vale la pena alcanzar».

En resumen, lo que proponemos en este apartado es sencillo, pero no fácil: detenerse, mirar con calma y extraer lo que nos sirva. Lo que de verdad nos ayude a crecer. Porque si algo tiene el fracaso, es que no deja a nadie indiferente. Nos pone frente al espejo. Dándonos la oportunidad —si queremos aprovecharla— de salir de ahí con una versión más afinada de nosotros mismos.

No siempre lo veremos al momento. A veces hará falta distancia. Tiempo. Incluso otras experiencias posteriores que nos permitan entender lo que aquella caída nos estaba enseñando. Pero cuando uno tiene la actitud de aprender, las lecciones terminan llegando.

Porque al final aprender no es acumular respuestas. Es hacerse las preguntas adecuadas. Y eso, a veces, solo lo conseguimos después de haber fracasado. A lo largo de este camino, cada emprendedor aprende a su manera. Pero hay patrones que se repiten. Casi siempre, las lecciones más valiosas no están en los libros, sino en lo que uno ha vivido, corregido y vuelto a intentar. Para cerrar este apartado presentamos una tabla que resume algunos de los aprendizajes más frecuentes tras un fracaso, agrupados por tipo. No es una lista cerrada, pero sí un buen punto de partida para identificar por dónde hemos pasado y dónde no queremos volver a tropezar.

TABLA 5.4

Tipos de aprendizajes tras el fracaso del negocio

	Tipo de aprendizaje	Ejemplos concretos
1	Lecciones técnicas.	Errores en la fijación de precios, mala previsión de costes, canales de venta inadecuados.
2	Lecciones estratégicas.	No identificar a tiempo los cambios del mercado, falta de diferenciación clara, lanzar sin validar.
3	Lecciones personales.	Subestimar el desgaste físico y mental, asumir más de lo razonable, no delegar tareas.
4	Lecciones emocionales.	No saber gestionar la frustración, confundir pasión con tozudez, perder la motivación.
5	Lecciones relacionales.	No pedir ayuda a tiempo, no saber escuchar al equipo, relaciones mal cuidadas con socios o colaboradores.

5.6. Ver las señales antes del naufragio

Una de las grandes lecciones que deja el fracaso empresarial es esta: muchos negocios no cierran por falta de clientes, sino por no haber entendido sus propios números a tiempo. La rentabilidad y la liquidez no son conceptos abstractos para contables. Son el día a día de cualquier negocio y, cuando no se controlan, las consecuencias no tardan en llegar. Por lo tanto, rentabilidad y liquidez no solo deben entenderse, sino gestionarse conjuntamente.

El problema es que solemos fijarnos solamente en aquello que se observa a primera vista: cuánto vendemos, cuánto cobramos, si entra dinero o no. Pero eso es apenas una parte de la película. A veces las cuentas no cuadran no porque falte dinero, sino porque faltó previsión. Porque se confundió facturar con ganar, o tener beneficio contable con tener dinero en caja.

Una empresa puede presentar buenos resultados en el papel y estar asfixiada en la práctica. Lo hemos visto demasiadas veces: negocios que, tras mostrar cifras de crecimiento, no pueden pagar nóminas, impuestos o a sus proveedores. ¿La razón? Sencilla, pero letal: «confundieron rentabilidad con liquidez».

Por eso, aprender a mirar los números antes de que sea tarde no es solo una habilidad financiera. Es una actitud de responsabilidad empresarial. Hay que tener claro que no es lo mismo ganar que tener dinero. La rentabilidad nos dice si el negocio es viable en términos contables: si al final del proceso queda un margen positivo después de restar costes y gastos. Pero la liquidez nos dice si podemos pagar las facturas esta semana.

Se puede ser rentable en términos anuales y estar en números rojos en la cuenta bancaria. ¿Por qué? Porque no siempre se cobra a tiempo, porque se acumulan pagos imprevistos o porque simplemente se ha calculado mal el flujo de caja. Esa es una de las trampas más frecuentes: mirar los resultados del año y pensar que todo está bien, cuando en realidad el problema está en el mes siguiente.

5.6.1. Errores financieros que se repiten más de lo que deberían

A lo largo de muchas conversaciones con emprendedores hemos visto que hay ciertos fallos financieros que se repiten una y otra vez. Un gran barco no se hunde por una gran ola, se hunde por pequeños agujeros que nadie vio o que no quiso reparar a tiempo. En las finanzas de un negocio pasa exactamente lo mismo, pequeños gastos diarios, malos hábitos financieros o decisiones que parecen insignificantes, son esos pequeños agujeros que poco a poco hacen naufragar el proyecto empresarial. No es el gasto grande el que arruina las finanzas, es no controlar las suscripciones que no usas o las deudas pequeñas que se acumulan. Cada uno parece inofensivo pero juntos pueden hundir tu estabilidad financiera. Imagina un negocio que vende bien pero no controla gastos pequeños, comisiones, intereses o fugas de dinero. Desde fuera parece que todo va bien, pero por dentro el barco se está llenando de agua. Las finanzas no se rompen de golpe. Se resquebrajan por descuidos diarios. Revisa tus números, corrige los pequeños errores, porque arreglar un agujero pequeño es fácil, pero esperar a que el barco se hunda para reflotarlo no lo es.

Esos agujeros son errores, que parecen pequeños al principio, pero acumulados desestabilizan cualquier negocio:

- Está, por ejemplo, el clásico error de mezclar las cuentas personales con las del negocio. Todo empieza bien hasta que se cruza el límite: no se sabe si se está pagando el alquiler de casa o la campaña de publicidad.
- También se suele confundir flujo de caja con beneficio. Tener efectivo no significa haber ganado, y tener beneficios contables no garantiza tener liquidez.
- Otro tropiezo habitual es gastar antes de cubrir los costes y gastos. Se empieza con confianza en que todo irá bien, y cuando la venta no llega a tiempo, ya es tarde.
- También está la deuda. No toda deuda es mala, pero endeudarse sin un propósito claro, sin un plan de retorno, es cavar un agujero más rápido de lo que parece.
- Por último, uno que parece menor pero no lo es: no hacer seguimiento de los indicadores clave. Si no se mide, no se mejora. Y si no se mejora, se repite el error.

5.6.2. Lo básico que hay que saber para emprender con garantías

Emprender un negocio y no saber exactamente cómo está su situación financiera es un tema muy grave, que puede llevar a la bancarrota. Para evitarlo hay que empezar por conocer los estados financieros, que son informes obligatorios en España, que reflejan la situación económica y financiera de una empresa. Son los siguientes:

- Balance de situación, que muestra lo que tienes y lo que debes.
- Cuenta de pérdidas y ganancias, que te dice si ganas o pierdes.
- Estado de cambios en el patrimonio neto.

- Estado de flujos de efectivo, que revela el dinero que entra o sale.
- Memoria.

Sin el conocimiento de los estados financieros tomas decisiones a ciegas, conociéndolos puedes controlar gastos, mejorar ganancias y evitar sorpresas. En suma, los estados financieros —no son solo para contables— son el mapa que todo emprendedor necesita conocer para no perderse económicamente en su propio negocio.

Además, hay ciertos indicadores —denominados KPI financieros— que cualquier persona emprendedora debería también conocer y revisar con frecuencia:

- La *liquidez corriente,* que indica si puedes cubrir tus deudas a corto plazo. Una ratio por encima de uno suele ser señal de buena salud.
- La *rentabilidad neta,* o cuánto te queda limpio por cada euro que vendes. Si vendes por 100 y te quedan 20, tu rentabilidad es del 20%. Debemos tener en consideración que cada negocio o actividad económica debe tener su propio margen neto. No es lo mismo la actividad comercial o la de prestación de servicios, cada emprendedor debe conocer bien su negocio y definir su índice esperado.
- El *nivel de endeudamiento,* que revela cuánto de tu negocio está financiado con deuda. Si es demasiado alto, cualquier bache puede volverse crítico.
- El *punto de equilibrio,* ese umbral de ventas que necesitas alcanzar para no perder dinero. No saber dónde está es como conducir sin saber cuánta gasolina queda.
- El *flujo de caja neto,* que muestra el dinero real que entra y sale. Es el dato más sincero que puedes tener.

Estos números, que señalan los indicadores, no son solo cifras en una hoja de cálculo, pues te permiten conocer la salud real de tu negocio. Cada uno es una bisagra: puede abrir la puerta del crecimiento o del colapso. Representan el cuadro de control de tu empresa, que permite no dirigir a ciegas el negocio. Facilitando visionar la liquidez para pagar deudas, la rentabilidad para generar ganancias y la eficiencia a la hora de utilizar recursos. Además, te ayudan a establecer metas, comparar los resultados mes a mes y tomar las acciones adecuadas, antes de que se encienda la señal de alerta de un indicador.

Igualmente, antes de lanzarse a un nuevo proyecto o realizar una nueva inversión, conviene sentarse un rato y hacer cuentas con calma. Aquí entran tres métricas que, bien entendidas, pueden evitar muchos disgustos:

- El VAN (valor actual neto), que te dice si el proyecto crea valor. Si es positivo, buena señal.
- La TIR (tasa interna de retorno), que señala la rentabilidad esperada.
- El IR (índice de rentabilidad), que muestra cuánto valor generas por cada euro invertido.

No es cuestión de hacer un máster o ser un especialista financiero, sino de saber si lo que vas a hacer vale realmente la pena.

También debes tener en consideración que, si piensas usar deuda, aunque puede ser una estrategia válida, siempre es necesario llevarla a cabo con prudencia y analizando muy bien los números. Ya que el apalancamiento financiero permite aumentar la rentabilidad del capital propio. Pero también amplifica el riesgo.

La regla es simple: si la rentabilidad de tus activos (ROA) es mayor que el coste de la deuda, el apalancamiento juega a tu favor. Si no, multiplica el problema. También es importante tener en cuenta la tasa de retorno y de unir finalidad con tipo de endeudamiento. Por ejemplo, cubrir con créditos a corto plazo inversiones a largo plazo es un error muy típico al inicio del negocio. En proyectos nuevos no basta con el entusiasmo, también hay que saber hacer bien las cuentas.

Cinco hábitos que marcan la diferencia a la hora de tomar buenas decisiones

Hay quienes, con el tiempo, han aprendido a mantener la calma financiera no por suerte, sino porque aplican ciertos hábitos que les dan estabilidad. A pesar de no haber recetas mágicas, estas cinco prácticas suelen marcar la diferencia:

- **Gastar menos de lo que se ingresa.** Sí, suena obvio, pero no siempre se cumple.
- **Trabajar con un presupuesto de tesorería mensual.** El cual sirve de guía para ir por el camino correcto y no perdernos, actúa como un GPS de las finanzas.
- **Evitar deudas innecesarias.** No todo préstamo es inversión y no toda urgencia justifica endeudarse.
- **Buscar vías para aumentar ingresos.** No todo pasa por recortar: crecer también es una opción.
- **Invertir con criterio.** Tener ahorros parados no ayuda. Ponerlos a trabajar, sí.

Aprender a leer las cuentas no es opcional, es una parte importante del oficio de emprender. En el caso de estar poco motivado para hacerlo, rodéate de alguien que lo haga contigo, pero siempre llevando tú el control de las mismas. Porque cuando el dinero se descontrola, el negocio no tarda en seguir el mismo camino. Debes tener presente que a veces en el emprendimiento se suele cometer el error de delegar las cuentas y finanzas, por no entenderlas. Confiando ciegamente en asesores o administradores. Sin saber qué está pasando realmente con tu dinero. No lo decimos porque esos profesionales sean incompetentes, sino porque si tú no sabes de números cualquiera puede contarte cuentos. Por ello, no es necesario que seas contable o financiero, pero sí debes entender lo básico. Si no entiendes tus finanzas, es difícil hacer preguntas acertadas o tomar buenas decisiones. En cambio, cuando entiendes de contabilidad y finanzas tomas el control, sabes leer tus números, detectar errores y exigir resultados. Una persona dueña de un negocio que entiende sus finanzas no es manipulable, no depende de excusas y no dirige con los ojos cerrados. Es aconsejable tener muy presente que el negocio es tuyo y la responsabilidad de las cuentas también, por ello debes aprender el lenguaje del dinero, porque, si tú no lo entiendes, alguien lo podrá hacer para su propio beneficio.

Mirar los números con honestidad y estar atento a las alertas no es tener miedo. Es tener visión. Si lo hacemos antes de que sea tarde es, probablemente, la diferencia entre tener que cerrar o poder seguir adelante con tu proyecto.

5.6.3. Habilidades que debe tener o desarrollar la persona emprendedora

Vender no es solo una habilidad: es el corazón de cualquier negocio. Sin ventas, no hay clientes; y sin clientes, ningún proyecto se sostiene. Los negocios sólidos se construyen desde esa competencia clave: saber vender. Un negocio que no tiene ventas termina en quiebra, ya que la sangre de todos los negocios son los clientes. Por lo tanto, sin ventas no hay nada que hacer. Los negocios funcionan porque ofrecen algo que los demás necesitan. Piensa por un momento cuando llegas a casa después de un largo día de trabajo, te sientas tranquilo y miras a tu alrededor, verás que todo lo que tienes está ahí porque alguien te lo vendió.

El éxito se parece a una mariposa: si lo persigues con ansia, se escapa. Solo llega cuando sabes atraerlo. Un negocio exitoso es igual a la cantidad de personas que ayudan, si quieres ver crecer tu proyecto empresarial genera uno que sea capaz de solucionar problemas reales a las personas. Si, además, aprendes a solucionar problemas de alto valor, el éxito está garantizado. No se trata solo de ganar dinero, sino de cuánto ayudas a los demás; recuerda siempre que donde hay servicio de verdad, la riqueza acaba llegando.

Pero no basta con saber vender. Hay otra habilidad igual de importante que muchas veces se olvida: saber salir del negocio para hacer crecer el negocio. Me refiero al *networking,* la capacidad de crear relaciones útiles más allá de las cuatro paredes de la actividad diaria. Un emprendedor que solo vive encerrado en su despacho, por muy brillante que sea, acaba perdiendo contacto con lo que pasa fuera. Es decir, dónde están los clientes, los proveedores, los socios estratégicos y las oportunidades que no se ven desde el mostrador. Por eso es vital dedicar tiempo —aunque no sobre— a asistir a eventos, foros, ferias, congresos, presentaciones… incluso a esos actos sociales donde uno puede coincidir con alguien clave para el futuro de su negocio.

Todo eso exige energía, tiempo y esfuerzo adicional. A veces tendrás que dedicar tiempo después de una jornada larga, o incluso dedicar parte de tu fin de semana. Pero ese esfuerzo extra puede convertirse en una conexión que te abra nuevas puertas. Ampliar tu red profesional no es una tarea secundaria: es una inversión silenciosa que tarde o temprano da frutos.

Además, en la actualidad conocer el marketing ya no es opcional para quien emprende. Un emprendedor no necesita ser experto en campañas o en redes sociales, pero sí debe tener claro cómo está el mercado, qué está cambiando, por dónde se están moviendo los consumidores y qué necesita adaptar en su oferta para no quedarse atrás.

Eso implica manejar tanto el marketing *estratégico* —dónde estás y hacia dónde vas— como el marketing *operativo* —qué haces cada día para llegar al cliente, cómo comunicas, qué ofreces, a qué precio y por qué canal—. No se trata de tener un plan de 200 páginas, sino de llevar un rumbo comercial claro y estar dispuesto a corregirlo a tiempo. Porque muchos negocios fracasan no por falta de calidad, sino por no haber detectado a tiempo que el mercado se movía en otra dirección.

En definitiva, emprender no es solo tener una buena idea, ni siquiera ejecutarla bien. Es también saber relacionarse, observar lo que ocurre fuera y tener los reflejos para adaptar tu negocio cuando toca. Las habilidades técnicas pueden aprenderse, pero estas capacidades de anticipación y conexión con el entorno son las que marcan la diferencia entre sobrevivir, crecer o desaparecer.

5.6.4. Atención a las alertas, revisar y corregir a tiempo

En el apartado anterior hemos revisado los errores más comunes que pueden hundir un proyecto. Pero también hemos visto algo importante: todos ellos se pueden detectar, y casi todos se pueden prevenir, si aprendemos a mirar con honestidad, sin miedo y sin autoengaños.

Hemos hablado de la importancia de prestar atención a las alertas, de revisar los números antes de que hablen demasiado alto, de rodearse bien, de pedir ayuda cuando haga falta. Y también de mirar el error no como una mancha, sino como una llamada de atención. Porque emprender no es solo tener una buena idea, ni siquiera tener clientes. Emprender es sostener un proyecto en el tiempo. Para eso se requiere una cabeza bien centrada, datos, intuición y mucha humildad.

Ver a tiempo lo que no va bien no es una derrota. Es una forma de cuidar el futuro. Aquellos emprendedores que se atreven a hacerlo suelen fracasar menos. O, al menos, fracasan mejor. Con más herramientas, más claridad y más posibilidades de volver a intentarlo sin repetir los mismos fallos.

5.7. Conclusiones y recomendaciones

En este capítulo no hemos buscado dar lecciones. Hemos tratado de ofrecer una mirada honesta, directa y práctica. Una mirada que no idealiza el emprendimiento, pero tampoco lo desmoraliza. Simplemente lo retrata como es: una travesía llena de decisiones inciertas, de momentos en los que uno se siente solo, de curvas inesperadas. Pero también de descubrimientos, de alianzas que sostienen y de errores que, si se saben leer, acaban enseñando más que cualquier éxito.

Lo primero que queremos dejar claro es que el fracaso no nos define. No somos nuestros errores. Tampoco somos nuestras caídas. Somos lo que hacemos con ellos. Cómo los afrontamos. Qué decisiones tomamos después. Cómo elegimos mirar lo que ocurrió. Y, sobre todo, cómo decidimos volver a intentarlo. Porque cada vez que alguien se levanta tras una caída, está enviando un mensaje silencioso pero potente: que vale la pena seguir.

A lo largo del capítulo hemos visto que hay errores que se repiten. Algunos nacen de la falta de planificación. Otros, de no mirar a tiempo lo que estaba ocurriendo fuera. Muchos, de no escucharnos por dentro. Y también de no pedir ayuda cuando más la necesitamos. Pero incluso detrás de esos fallos hay una posibilidad. La de revisar. La de hacer ajustes. La de tomar decisiones con más conciencia. No para garantizar el éxito, que eso no se puede prometer, pero sí para reducir la probabilidad de repetir lo que ya sabemos que no funciona.

Otra idea clave que hemos querido subrayar es la importancia de parar a tiempo. No todo se resuelve con más esfuerzo. A veces, lo más valiente no es seguir, sino saber cuándo parar. Cuándo decir «hasta aquí» sin que eso suene a derrota. Porque hay renuncias que también son un acto de madurez. De autocuidado. De honestidad. Saber retirarse a tiempo no es fracasar. Es aprender a proteger lo que aún está por construir.

También hemos insistido en que el entorno importa. Lo que pasa fuera nos afecta, nos condiciona, a veces nos arrolla. Pero no podemos quedarnos solo en la queja o en la sorpresa. El mundo cambia. Los mercados cambian. Los clientes cambian. Y nuestra tarea es mantenernos despiertos, con los ojos abiertos y los pies en la tierra. Quien no mira alrededor, se queda atrás. No por falta de talento, sino por exceso de confianza.

En ese sentido, tener una red de apoyo, como la que propone el Foro Ilusionando, marca una diferencia enorme. Emprender en solitario es agotador. Se necesita un lugar donde poder hablar sin miedo. Compartir sin ser juzgado. Pedir ayuda sin sentir debilidad. Rodearse de personas que entienden de qué va esto. Que saben lo que es equivocarse. Y que, precisamente por eso, están en mejor posición para ofrecer una palabra sensata, un consejo útil o simplemente compañía en un mal día.

Y no olvidemos lo emocional. No somos máquinas. No todo se resuelve con planificaciones y estrategias. También hay que mirar hacia dentro. Gestionar el miedo, la frustración, la ansiedad que a veces aparece sin avisar. Aceptar que habrá días malos, decisiones dudosas y silencios incómodos. Y que eso también forma parte del proceso. Por eso insistimos tanto en educar la actitud. En entrenar la tolerancia al error. En desarrollar la capacidad de resiliencia.

La tabla 5.4 resume bien el tipo de aprendizajes que se pueden extraer de un revés. Algunos son técnicos. Otros, estratégicos. Pero los más profundos suelen ser los personales. Porque cuando uno fracasa, se conoce. Y cuando se conoce, puede construir mejor. Con menos autoengaños. Con más autenticidad.

A modo de epílogo, nos gustaría dejar tres recomendaciones que no son recetas mágicas, pero sí ideas con las que muchas personas se han sentido identificadas tras pasar por un mal momento empresarial:

- **Escucha antes de decidir.** Escucha a tu equipo. Escucha al entorno. Escúchate a ti mismo. No tomes decisiones desde el ruido, ni desde el orgullo. Escuchar es una herramienta estratégica, aunque a veces se nos olvide.
- **Acepta que equivocarse no es fallar.** Fallar es no aprender. Fallar es repetir sin revisar. Equivocarse forma parte del camino. Lo importante no es no tropezar. Lo importante es no pasar por el mismo sitio con los ojos cerrados.
- **Rodearte bien no es un lujo.** Es una necesidad. Hay personas que, con solo estar, te sostienen. Te ayudan a ver lo que tú no ves. Te recuerdan por qué empezaste. Cuídalas. Y cuida también tu manera de vincularte con los demás. Porque un emprendimiento sin vínculos es una aventura demasiado frágil.

En definitiva, este capítulo no se cierra con una solución definitiva, sino con una invitación. La de mirar el error no como un castigo, sino como una oportunidad. La de hablar del fracaso no como un tabú, sino como una experiencia valiosa. La de entender que lo que hoy nos duele, puede ser lo que mañana nos fortalezca y nos haga triunfar en la vida. Si abriste un negocio y las cosas no salieron bien, no te castigues, analiza qué salió mal —el producto, el público o la estrategia—, cada respuesta vale más que lo que perdiste. El dinero se recupera, el aprendizaje se queda contigo para siempre. El verdadero fracaso no es cerrar un negocio, es pasarte toda la vida preguntándote qué hubiera pasado si lo hubieras intentado. Desde nuestra perspectiva, el verdadero éxito se alcanza en el mismo momento en el que tomas la decisión de actuar con tu idea empresarial. Porque el éxito es la realización progresiva de un sueño, al que dedicamos esfuerzo, tiempo y recursos. Por lo tanto, cuando nos ponemos en camino ya somos personas de éxito, pues hemos tomado una decisión que la inmensa mayoría de las personas no se ha atrevido a adoptar.

Fracasar no es caer. Es negarse a levantarse con algo aprendido. Y en ese levantarse, a veces lento y silencioso, se esconde la verdadera victoria de la persona que quiere emprender.

6
Recuperación y resiliencia: levantarse con más fuerza

«El éxito es nada más que un fracaso con el polvo sacudido.»
Mamie McCullough

«Hablo con la autoridad que otorga el fracaso.»
Francis Scott Fitzgerald

6.1. La necesidad de recuperarse tras el fracaso

Hay capítulos que no se escriben con palabras, sino con cicatrices. Este es uno de ellos. Porque detrás de cada línea que vamos a compartir aquí hay historias reales. Momentos duros. Decisiones difíciles y aprendizajes que no se olvidan. Hablar del error, del fracaso, de lo que no salió como esperábamos, no es fácil. Pero es necesario. Porque es desde ahí, desde ese lugar incómodo pero fértil, desde donde de verdad se aprende a emprender.

En este capítulo no buscamos dar lecciones. Pero si tratamos de ofrecer una mirada honesta, directa y práctica. Una mirada que no idealiza el emprendimiento, pero tampoco lo degrada. Simplemente lo retrata como es: una travesía llena de decisiones inciertas, de momentos en los que uno se siente solo y de giros inesperados. Pero también de descubrimientos, de alianzas que sostienen y de errores que, si se saben leer, acaban enseñando más que cualquier éxito.

Lo primero que queremos dejar claro es que el fracaso no nos define. No somos nuestros errores. Tampoco somos nuestras caídas. Somos lo que hacemos con ellos. Cómo los afrontamos. Qué decisiones tomamos después. Cómo elegimos mirar lo que ocurrió. Pero, sobre todo, cómo decidimos volver de nuevo a intentarlo. Porque cada vez que alguien se levanta tras una caída, está enviando un mensaje silencioso pero potente: que vale la pena seguir con el reto de emprender.

6.2. Construir resiliencia desde la experiencia del error

Hay momentos en los que todo nos sale mal. También hay otros en los que ni siquiera llegamos a intentarlo. No es por falta de ideas, ni de talento, ni de ganas. A veces es otra cosa la que nos frena. Algo más profundo. El miedo, la duda, esa presión que no siempre sabemos explicar y que nos acaba alejando, poco a poco, de lo que un día soñamos.

A lo largo de una vida profesional o emprendedora lo normal no es acertar siempre. Lo normal es fallar, tropezar, equivocarse o no dar con la tecla a la primera (Mehdi y Singh, 2023). Pero nos cuesta asumirlo. Porque en nuestra cultura seguimos atrapados en una narrativa donde todo tiene que salir bien, rápido y sin manchas. Nos siguen contando historias de éxito donde todo sale bien a la primera. Donde nadie duda, nadie tropieza, y todo encaja como por arte de magia. Pero todos sabemos que eso no es real, eso solo ocurre en las películas o en las novelas. La vida no funciona así.

La realidad es otra. La mayoría de las veces las cosas no salen como las habíamos planeado. A veces ni siquiera nos atrevemos a intentarlas. Y cuando lo hacemos, muchas no llegan a buen puerto. Eso no nos hace incompetentes. Nos hace humanos. Fracasar forma parte del proceso. Por lo tanto, aprender de ese fracaso es lo que nos vuelve resilientes. Por eso insistimos: es necesario construir resiliencia desde la experiencia del error (Borbolla-Albores y Reyes-Mercado, 2022). No desde la teoría, ni desde el deseo, sino desde lo vivido. Porque no hay libro que enseñe lo que nos enseña un golpe bien encajado. No hay simulación que reemplace la sensación de ver un proyecto derrumbarse después de meses de trabajo. En esas situaciones tampoco hay formación que valga si no estamos dispuestos a hablar abiertamente del fracaso.

Sin embargo, todavía cuesta encontrar programas formativos que aborden este tema. Parece que hablar del fracaso incomoda. Que, si lo nombramos, lo atraemos. Como si el fracaso fuera algo que conviene esconder, no nombrar o evitar a toda costa. Pero es justo al revés. Cuando lo negamos, le damos más poder. Solo cuando lo enfrentamos podemos entenderlo; y al entenderlo, empezamos a transformarlo. Emprender es un acto valiente, pero también vulnerable. No hay garantías. No hay camino seguro. Por eso necesitamos prepararnos no solo para gestionar el éxito, sino también para afrontar las derrotas. Porque vendrán. Algunas pequeñas. Otras más dolorosas. Pero todas traerán consigo un mensaje, una lección y un punto de inflexión.

La resiliencia no es un escudo. Es una capacidad. Una forma de mirar lo que nos pasa y seguir caminando con lo aprendido (Bhambri y Venkatesan, 2025). Implica aceptar el golpe, entenderlo, adaptarnos y volver a intentarlo. No como si nada hubiera pasado, sino sabiendo que algo pasó y que ahora somos distintos. Cada error deja una marca. Pero también puede dejar una enseñanza. Hay personas que tras un fracaso profesional se derrumban. También hay otras que, sin dejar de sufrir, lo aprovechan como impulso. La diferencia no está en lo que pasó, sino en lo que hicieron con lo que pasó. Ahí es donde entra la resiliencia (Sachdev, 2023). Y no, no se nace con ella. Se construye. Se construye entendiendo que el éxito no es un camino limpio. Que detrás de cada logro hay pasos en falso. Y que, si no aceptamos eso, el primer fracaso nos puede destruir. Aceptar que fallar es parte del proceso no es resignación. Es inteligencia. Es preparación emocional. Es mirar con ojos de realidad.

Por ello, es urgente empezar a hablarlo con naturalidad. Sobre todo, con quienes están empezando. Porque muchos jóvenes emprendedores se enfrentan hoy a un entorno incierto, volátil y altamente competitivo. No tienen la certeza de un empleo estable. Pero sí tienen ideas, energía y ganas de crear algo propio. Lo que necesitan es una cultura que no los penalice cuando algo les sale mal. Que no les cierre las puertas si no lo consiguen a la primera. Que les diga con claridad: no pasa nada por caer, mientras aprendas a levantarte.

Tal como comentamos en la introducción del libro, aproximadamente un 30 % de las nuevas empresas fracasan durante los primeros dos años. Al cabo de cinco años, alrededor del 50 % no sobrevive (GEM, 2025). Sin embargo, seguimos actuando como si el fracaso fuera anecdótico, algo excepcional. No lo es. Es parte del camino. Por ello, formar emprendedores sin enseñarles a gestionar la frustración y la caída es como lanzar a alguien al mar sin enseñarle a nadar. No se trata de normalizar el fracaso como si no doliera. Claro que duele. Pero tampoco podemos convertirlo en una etiqueta definitiva. Fracasar una vez no nos convierte en fracasados. Ni tener éxito una vez nos garantiza que lo mantendremos siempre. Lo que nos da consistencia es la capacidad de aprender de ambos. Dicha capacidad también tiene que ver con la cultura en la que crecemos. En sociedades más permisivas con el error —por ejemplo, la estadounidense—, las personas se atreven más. Lo intentan más veces. Se equivocan, pero también descubren caminos nuevos. En sociedades como la nuestra, donde el fracaso se estigmatiza, mucha gente ni lo intenta. No por falta de ideas, sino por miedo al juicio. Al qué dirán. A parecer menos válidos.

Esa mirada social nos condiciona más de lo que creemos. Pero se puede cambiar. Poco a poco. Empezando por nosotros. Empezando por nombrar nuestras caídas sin vergüenza. Por hablar de ellas como lo que son: momentos difíciles, sí, pero también llenos de potencial. Al final, todo emprendedor se enfrenta al mismo dilema: ¿me quedo paralizado por el miedo al error o uso el error como escalón para seguir creciendo? La respuesta no siempre es fácil. Pero cuando uno comprende que no hay camino sin tropiezos y que el valor está en seguir, algo dentro cambia. Por eso creemos que hablar del fracaso con naturalidad y entender la resiliencia como una herramienta que se cultiva con la experiencia es una de las mejores formas de preparar a los emprendedores del presente y del futuro. Porque no se trata solo de ser valiente para empezar. Se trata de tener la fuerza emocional para volver a empezar cuando todo va mal y hacerlo con fuerzas renovadas.

6.3. De la frustración al coraje: el proceso emocional

Fracasar no solo afecta al negocio. También nos remueve por dentro, siendo precisamente ahí donde empieza lo más difícil. Porque una cosa es cerrar un negocio o una empresa. Otra, muy distinta, es recomponerse emocionalmente después de que algo en lo que creímos con fuerza no haya salido bien. A veces lo que duele no es la pérdida económica, sino el golpe al orgullo, la decepción, la sensación de haber fallado a los demás e incluso a uno mismo.

La frustración aparece casi siempre sin pedir permiso. Llega cuando vemos que, a pesar de haberlo dado todo, las cosas no han funcionado. Además, duele porque habíamos puesto ilusión, tiempo, esfuerzo y muchas ganas. Porque teníamos expectativas. Pero lo que nos encontramos ahora es vacío, rabia o, en algunos casos, vergüenza. Pero esa frustración no es un error. Es un paso. Un tramo del camino que todos recorremos, aunque no siempre lo contemos. Sentirse frustrado no es señal de debilidad, sino de que algo nos importaba de verdad. Por eso, lo primero es aceptar que esa emoción está ahí y que tiene su razón para ocupar ese lugar, en estos momentos de nuestra vida.

El problema es cuando nos quedamos atrapados en ella. Cuando la frustración no se transforma y empieza a bloquearnos. Nos hace más débiles. Nos empuja a pensar que no valemos, que no merecemos otra oportunidad, que mejor no volver a intentarlo. Si le damos poder a ese discurso interno, la caída no será solo del proyecto, sino de nosotros mismos. Ahí es donde entra en juego el *coraje*[1]. No como una reacción heroica, sino como una decisión serena. El coraje no aparece de golpe. Se construye. Empieza en el momento en que, aun sintiéndonos rotos por dentro, decidimos no quedarnos ahí. Cuando elegimos dar un paso, aunque sea pequeño. Volver a escribir, a hablar, a pensar en algo nuevo. Aunque todavía duela.

---

[1] El coraje, desde la psicología, no es no tener miedo, sino seguir adelante a pesar del mismo. El psicólogo estadounidense Rollo May lo definió como la fuerza para actuar incluso cuando dudamos o todo dentro ti dice que no puedes. Es lo que nos permite dar el paso, aunque nos tiemblen las piernas al hacerlo.

Pasar de la frustración al coraje es un proceso lento. No se hace de un día para otro. Pero tiene fases claras. Al principio, lo que domina es la herida: el «¿por qué me ha pasado esto?», el «no era justo», el «quizá no sirvo para esto». Luego, con el tiempo, vamos cambiando la pregunta. Pasamos del «¿por qué a mí?» al «¿y ahora qué hago con esto?». Ese cambio es clave. Porque ahí empezamos a tomar el control emocional de lo que estamos viviendo.

No es cuestión de positivismo ingenuo. Nadie está obligado a sonreír cuando todo le ha ido mal. Pero sí necesitamos encontrar un sentido. Algo que nos permita recolocar lo vivido y seguir adelante con más fuerza, no con más miedo. El coraje no es ausencia de miedo. Es actuar incluso con miedo. Es decirnos que, aunque no tengamos todas las respuestas, vamos a buscar una salida. Que, aunque haya dudas, también hay dentro de nosotros un deseo de seguir. Porque sabemos que no somos lo que nos ha pasado. Somos lo que decidimos hacer después.

Hemos escuchado muchas veces que «el tiempo lo cura todo». Pero no es cierto. Lo que cura es lo que hacemos con ese tiempo. A veces, durante ese proceso, lo más útil es hablar. Contar lo vivido, desahogarse, compartir lo que sentimos. El silencio solo alimenta la culpa y el aislamiento. En cambio, cuando nos atrevemos a decir «me siento mal, me ha dolido, estoy frustrado», empezamos a sanar.

Además, empieza a surgir otra emoción: la confianza. No tanto en que todo irá bien, sino en que seremos capaces de afrontarlo. Es una confianza más serena, más realista. Ya no creemos que todo va a salir perfecto. Pero sí creemos que, aunque fallemos otra vez, tendremos recursos para volver a empezar. Esa es una lección que solo se aprende cayendo. Por eso, muchas veces el coraje nace del dolor. No del éxito, sino del fracaso bien asumido. Hay personas que, después de una gran decepción, encuentran dentro de sí una fuerza que no sabían que tenían. A dicha fuerza no se le debe llamar optimismo, sino *coraje*. El coraje de no rendirse. De volver a creer. De intentarlo una vez más, con más experiencia y menos miedo.

Este proceso no es lineal. Habrá días de avance y días de retroceso. Habrá momentos en los que parezca que todo se ha superado y otros en los que el recuerdo vuelve a doler. Es normal. Lo importante no es no volver a caer, sino saber que ya no caemos igual. Que ahora sabemos más.

Por eso decimos que la frustración puede ser el principio del coraje, si sabemos escucharnos, respetar nuestros tiempos y no dejar que el miedo tome las riendas. Porque al final, el verdadero coraje no se grita. Se demuestra en los pequeños gestos. En seguir intentándolo cuando nadie nos ve. En volver a confiar en nosotros cuando todo parecía perdido. Esa es la fuerza que queremos transmitir. No la del superhéroe que nunca falla, sino la del emprendedor real: el que tropieza, se frustra, se rompe un poco, pero se levanta con más sabiduría. «Hay épocas en que uno siente que se ha caído a pedazos y se ve a sí mismo en mitad de la carretera estudiando las piezas sueltas, preguntándose si será capaz de montarlas otra vez y qué especie de artefacto saldrá», reflexionaba T. S. Eliot en *La tierra baldía*.

6.4. Rearmarse emocionalmente para volver a empezar

Volver a empezar no es simplemente volver a hacer. Es también —y sobre todo— volver a sentir que se puede. Para eso hace falta rearmarse emocionalmente. No con frases de autoayuda, ni con euforia pasajera, sino con algo más profundo: una fuerza interior que nos permita recuperar la confianza, encontrar sentido a lo vivido y reunir el valor para dar un nuevo paso. Porque tras un fracaso, muchas veces lo que más cuesta no es buscar otra idea. Lo que cuesta es volver a creernos capaces. Volver a confiar en nuestra intuición. Volver a presentarnos ante el mundo sin la herida abierta. Lo emocional va por delante. Si no lo cuidamos, todo lo demás se tambalea.

A veces, después de caer, uno se siente como si estuviera desmontado por dentro. No sabe por dónde empezar. Le asusta volver a equivocarse. Duda de si está preparado. Teme que todo se descontrole otra vez. Eso es normal, sentirse así cuando uno ha caído. No estamos hechos de piedra. Además, quien no reconoce esas emociones, solo las entierra más hondo. Por eso, lo primero para recomponerse es darse permiso para estar mal. No hay que fingir fortaleza cuando lo que uno necesita es sanar. Se puede estar roto y al mismo tiempo estar empezando a reconstruirse. Lo que no se puede es ignorar la herida y esperar que desaparezca sola.

Rearmarse emocionalmente empieza por aceptar que el golpe nos afectó. Que nos hizo daño. Que todavía lo sentimos. Desde ahí, desde esa aceptación honesta, es cuando podemos empezar a recoger los pedazos con calma. No para volver a ser los de antes, sino para convertirnos en alguien que ahora sabe algo más. La reconstrucción emocional no tiene una fórmula única. Pero hay algunos pasos que suelen ayudar. Uno de ellos es revisar lo ocurrido con una mirada serena, sin dramatizar ni esconder nada. Preguntarnos qué falló. Qué señales no supimos leer. Qué decisiones volveríamos a tomar igual y cuáles no. Hacer este ejercicio sin reproches, pero con verdad, es un acto de madurez emocional (Lerman et al., 2021). Otro paso importante es volver a conectar con lo que nos mueve. Con aquello que nos inspiraba antes de la caída. Puede ser una idea, una causa o un propósito. Algo que nos recuerde por qué empezamos y que nos dé motivos para volver a intentarlo. No se trata de negar lo ocurrido, sino de darle un sentido. De entender que lo vivido nos preparó, en parte, para lo que viene ahora.

También ayuda mucho recuperar hábitos que nos centren. Dormir bien. Hacer ejercicio. Estar cerca de gente que suma, como diría la psiquiatra Marian Rojas: rodearnos de *personas vitamina*[2]. Volver a leer, a caminar, a escribir. A veces creemos que la recuperación emocional viene de grandes decisiones. Pero en realidad se construye desde lo cotidiano. Desde lo que hacemos cada día, aunque sea pequeño. Desde lo que nos devuelve la calma, el foco y la claridad. Además, hay que hablarlo y ponerle palabras. Compartirlo. Lo emocional no se ordena solo en nuestra cabeza. Muchas

---

[2] El término «personas vitamina» fue popularizado por la psiquiatra Marian Rojas Estapé para referirse a aquellas personas que nos cuidan, nos recargan y nos ayudan a sacar lo mejor de nosotros mismos.

veces se aclara cuando lo contamos. Cuando escuchamos a alguien decir «yo pasé por lo mismo». Cuando nos damos cuenta de que no somos los únicos. Que no estamos solos. Que otras personas también se han roto y han sabido salir adelante.

Todo este proceso lleva su tiempo y cada persona tiene su propio ritmo. Algunos necesitan parar por completo. Otros se reactivan más rápido. No hay un manual. Lo que sí hay es una certeza: rearmarse emocionalmente no es un lujo. Es una necesidad si queremos volver con fuerza y con sentido. Porque lo que viene después del fracaso no puede construirse desde la prisa ni desde la negación. Tiene que levantarse sobre una base sólida, la cual tiene que ser de carácter emocional. Una base hecha de comprensión, de aprendizaje, de autocuidado y de nuevas certezas. Certezas que ya no dependen del resultado, sino de la convicción de que —pase lo que pase— sabremos volver a levantarnos.

En este punto es clave recordar algo: volver a empezar no significa repetir lo mismo. Significa hacerlo distinto. Con lo aprendido. Con menos ingenuidad, pero también con más profundidad. Con los pies más en la tierra y la mirada más limpia. Rearmarse no es solo curarse. Es transformarse a pesar de que esa transformación duela, aunque también nos pueda liberar. Nos permite soltar lo que ya no sirve. Nos obliga a elegir con más conciencia. Nos ayuda a afinar el rumbo. A distinguir lo esencial de lo accesorio.

Asimismo nos devuelve la capacidad de confiar en nosotros. Porque si hay algo que se rompe tras un fracaso es la confianza. Volver a emprender exige recuperarla: la confianza de que ahora, con lo vivido, con lo aprendido, tenemos más herramientas que antes. Que no somos los mismos: ahora atesoramos más experiencia.

6.5. La importancia de las redes de apoyo en la recuperación

Emprender puede ser un camino apasionante, sí. Pero también puede ser solitario, incierto y, a veces, doloroso. Hay días en los que parece que todo se viene abajo. Días en los que uno no tiene claro si merece la pena seguir. Momentos en los que el fracaso pesa tanto que cuesta incluso explicarlo. Es precisamente en esos momentos cuando más falta nos hace alguien al lado (Eggers y Song, 2023).

Porque una caída no se supera solo con fuerza de voluntad. Se supera con compañía. Con alguien que te escuche sin juzgar. Que no te ofrezca una receta mágica, pero sí que te brinde un soplo de aire cuando la respiración se vuelva difícil. Las redes de apoyo no son un lujo emocional. Son una necesidad real. Marcando la diferencia, en la mayoría de los casos, entre quien se levanta y quien no puede.

En el proceso de recuperación tras un fracaso, lo emocional es clave. Ya lo hemos dicho. Pero no basta con el trabajo interior. También necesitamos el exterior. Necesitamos a otros. Porque nadie se recompone del todo en soledad, dado que hay heridas que, aunque no se vean, solo empiezan a cerrar cuando alguien más las reconoce. Lo hemos vivido en primera persona y lo hemos visto en otros. Cuando las cosas van mal, lo primero que uno suele hacer es encerrarse. Guardar silencio. Fingir que todo está bien. Pero por dentro, el muro se agrieta. Y cuando esa soledad se alarga, es fácil caer en la autocrítica excesiva, en la culpa, en el miedo a volver a confiar. Por eso, cuanto antes rompamos ese silencio, mejor.

Aquí es precisamente donde las redes de apoyo cumplen una función insustituible. No se trata solo de tener gente cerca. Se trata de tener personas que comprenden el lenguaje del fracaso. Que lo han vivido. Que lo han sentido. Que no te miran con pena, sino con respeto. Que no quieren salvarte, pero sí caminar contigo. Eso no se improvisa. Se construye. Por eso, cuando esa red existe en la vida de una persona emprendedora, todo cambia. El miedo se reduce. El juicio interno se suaviza. La vergüenza se disuelve. Empiezas a hablar, a escucharte en voz alta, y algo dentro se recoloca. Entiendes que no estás solo, que lo que te pasa no es tan raro, ni tan definitivo. Que otros también cayeron y siguieron. Por lo tanto, tú también puedes hacerlo.

En el capítulo anterior hemos mencionado ya el Foro Ilusionando. Aquí queremos retomarlo, como un testimonio vivo de lo que significa tener una red de apoyo real para la recuperación, después de un tropiezo en el mundo de los negocios. Supone tener espacio humano y cercano, donde los fracasos no se ocultan, se comparten. Donde las historias no se adornan, se narran como fueron. Con sus dudas, con sus tropiezos, con sus aprendizajes. A lo largo de los años, muchas personas han pasado por ese foro. Algunas en momentos de dudas y otras en plena crisis. Pero todas han encontrado ahí algo que no siempre se encuentra en los entornos empresariales tradicionales: un lugar donde poder ser uno mismo, incluso cuando todo va mal. Donde uno puede decir «esto no funcionó» y, en lugar de perder credibilidad, gana respeto y admiración, como reivindicaba Scott Fitzgerald en la cita con que abrimos este capítulo.

Crear una red de apoyo no significa reunir a gente para hacer negocios. Significa cultivar relaciones que importan. Rodearse de personas que te devuelvan la confianza cuando tú la pierdes. Que te digan «no pasa nada, lo intentamos otra vez», cuando tú solo ves obstáculos. Que estén en lo cotidiano, pero también en los días difíciles. Que te ofrecen una conversación sincera o un mensaje de aliento. Eso es, en el fondo, lo que debería ser un buen grupo de apoyo al emprendimiento: una comunidad cuidada, cercana, donde haya espacio para hablar no solo de lo que salió bien, sino también de los tropiezos. Porque todo eso —lo compartido, lo vivido, lo sostenido entre todos— acaba tejiendo una red que, con el tiempo, se convierte en refugio. Un lugar al que volver cuando se desencadena la tempestad y las velas del barco quedan hechas jirones.

Sabemos que no todas las personas tienen acceso fácil a un entorno así. Por eso es importante también crear cultura. Abrir espacios donde el fracaso pueda hablarse sin miedo. Donde lo emocional tenga lugar. Donde el apoyo no sea visto como debilidad, sino como inteligencia colectiva. Porque cuando uno fracasa, no necesita aplausos. Pero sí necesita manos tendidas. Gente que esté. Que escuche. Que ayude a mirar con más perspectiva. Que nos recuerde que, aunque ahora duela, no todo está perdido. Que siempre se puede volver a empezar.

Por todo esto, insistimos: la recuperación emocional tras el fracaso es más llevadera cuando no se recorre en solitario. Por ello, es importante construir y cuidar esas redes de apoyo. No para depender, sino para crecer con ellas. Para que la próxima vez que caigamos —porque caer forma parte del camino— sepamos que habrá alguien ahí. No para levantarnos, sino para caminar a nuestro lado.

6.6. Volver a emprender sin miedo y con más experiencia

Volver a emprender después de un fracaso no es simplemente intentarlo otra vez. Es hacerlo desde otro lugar. Desde una versión de nosotros que ya ha vivido el golpe, que ha mirado de frente la caída y que ha decidido —con todo lo aprendido— volver a ponerse en marcha.

Pero no nos engañemos: no es fácil. Porque el miedo no desaparece. Lo llevamos dentro. Además, se activa con más fuerza después de haber fallado. Nos susurra que mejor no arriesgar otra vez, que no lo lograremos, que ya fue bastante con lo que perdimos. El miedo, cuando ha habido fracaso, se vuelve más astuto. Nos conoce. Sabe por dónde entrar. Sin embargo, a pesar de ello, muchas personas deciden reemprender. ¿Por qué? Porque algo dentro les susurra que no han terminado. Que todavía tienen cosas por construir. Que lo que aprendieron les sirve. Que han cambiado. Que no quieren quedarse varados para siempre en el recuerdo de lo que salió mal.

Reemprender con más experiencia no garantiza el éxito. Pero sí cambia completamente la forma de hacerlo. Ya no vamos con los ojos cerrados. Ya no nos dejamos deslumbrar por la euforia inicial. Ya no confundimos deseo con realidad. Ahora sabemos que hace falta algo más. Que una buena idea no basta. Que hay que prepararse mejor. Asumiendo que todo puede salir bien, o todo lo contrario. Pero, aun así, decidimos volver a intentarlo. Porque hay algo profundamente humano en esa decisión. Algo que tiene que ver con el deseo de levantarse. De demostrarse que podemos. De aplicar todo lo aprendido. No por orgullo, sino por evolución. Porque no somos los mismos de antes. El fracaso, si lo hemos trabajado bien, nos transforma. Haciéndonos, sin duda alguna, mejores.

La experiencia nos aporta muchas cosas. Nos da realismo. Nos da perspectiva. Nos da capacidad de anticipar. Nos hace más ágiles al detectar errores. Más rápidos al rectificar. Más abiertos a pedir ayuda. Más humildes al planificar. Pero, sobre todo, más prudentes al confiar. No porque nos volvamos desconfiados, sino porque ahora distinguimos mejor entre entusiasmo y solidez (Lerman et al., 2021). También aprendemos a escuchar. A delegar. A observar el mercado sin pensar que lo sabemos todo. A diseñar planes más sostenibles. A cuidar más al equipo. A entender que emprender no es una carrera de velocidad, sino un maratón donde el ritmo, la constancia y la recuperación son claves.

Pero no todo es experiencia técnica. Hay otro aprendizaje más profundo: el emocional. Aprendemos a lidiar mejor con la incertidumbre. A no dramatizar tanto los contratiempos. A soportar mejor las críticas. A relativizar las opiniones ajenas. A tener más paciencia con nosotros mismos y, sobre todo, a seguir adelante, aunque el miedo no desaparezca. El miedo sigue ahí. Lo notamos, lo entendemos, pero ya no manda. No tiene las riendas. Porque no se trata de esperar a que desaparezca, sino de moverse con él a cuestas. De hacer las cosas aun sabiendo que da vértigo. Porque eso también es avanzar. Ya que no se trata de actuar sin miedo, sino de actuar a pesar del miedo. De avanzar con él al lado, pero no encima. Precisamente eso es lo que distingue a quienes reemprenden: no que no tengan miedo, sino que ya no lo dejan decidir por ellos.

Este proceso también tiene que ver con el *perdón*. Perdonarse por los errores cometidos. Por no haber visto a tiempo lo que se venía. Por haber confiado demasiado. Por no haber sido más cautos. Por no haberlo hecho mejor. Ese perdón no es debilidad. Es liberación. Es la puerta que nos permite mirar al futuro sin quedarnos atrapados en la culpa. Desde ese lugar más sereno, es posible reemprender con fuerza. Sin buscar la revancha. Sin necesidad de demostrar nada a nadie. Solo con el deseo honesto de construir algo nuevo. De volver a crear. De volver a arriesgar. Ahora, con más calma. Con más claridad. Con más conciencia (Rawal y Sarpong, 2024). Como se sugirió en el epígrafe 4.4, la *autoindulgencia* es clave para renacer.

Volver a emprender no es repetir lo que hicimos. Es hacerlo distinto. Quizá con otro modelo de negocio (Snihur y Clarysse, 2022). Con otra visión. Con otro enfoque o incluso en otro sector. Lo importante no es replicar, sino renovar. No es insistir en lo mismo, sino volver a empezar desde lo aprendido. Esto significa reconocer cuándo es el momento. Porque a veces, después de un fracaso, hay que parar. Respirar. Sanar. Cerrar bien la etapa anterior (Coelho, 2002). No se trata de correr hacia el próximo proyecto por ansiedad o por presión externa. Reemprender requiere decisión, pero también *timing*[3]. Pero ese *timing* no lo aporta un plan de negocio, nos lo da la escucha interior y saber cuándo estamos listos para llevar a cabo la acción correcta.

Lo importante es no confundir pausa con derrota. Hay personas que necesitan más tiempo para recomponerse. No hay un calendario único. Lo que no podemos hacer es quedarnos a vivir para siempre en la caída. Porque entonces no aprendemos nada. Porque entonces, sí, el fracaso nos gana. Por eso, cuando uno siente que ya tiene la energía, el foco, la serenidad y las ganas, entonces es el momento de reemprender de verdad. Pues es, justo en ese preciso momento, cuando sabemos que ya sí somos capaces. Que estamos listos. Que lo que hemos vivido nos ha preparado. Que podemos volver a hacerlo y que esta vez lo haremos mucho mejor.

---

[3] *Timing* es un término anglosajón que hace referencia al momento adecuado para hacer algo. No basta con tener una buena idea; también importa cuándo se pone en marcha. Adelantarse o llegar tarde puede marcar la diferencia entre que algo funcione o no.

6.7. Conclusiones

Probablemente al terminar este capítulo no recuerdes cada apartado, ni cada ejemplo, ni cada enseñanza. Pero si solo pudieras quedarte con una idea, ojalá fuera esta: emprender, innovar y fracasar son parte del mismo viaje. No son etapas separadas. Son como el amanecer, el mediodía y la noche. Forman parte de un mismo día. De un mismo proceso. Tarde o temprano, los vas a encontrar. Teniendo en cuenta esto, lo más inteligente no es obsesionarse con evitar el fracaso. Es prepararse para atravesarlo. Porque si vas a caer —y en algún momento caerás— lo importante es que sepas cómo levantarte. Tomándolo no como un final de ruta, sino como una parte natural del camino.

En estas páginas hemos querido caminar contigo por todo ese proceso. Desde ese punto en el que uno se siente tocado por dentro, hasta ese otro donde empieza a respirar con mayor facilidad. Hemos hablado de lo que se siente al caer, del vértigo que da volver, del trabajo emocional que exige recomponerse poco a poco. De la importancia de las redes de apoyo, de la fuerza del grupo, del calor humano. De cómo el miedo no desaparece, pero sí se aprende a convivir con él.

Todas esas enseñanzas nos llevan a una verdad que no deberíamos olvidar: fracasar no es caer, ni perder dinero, ni cerrar un negocio. Fracasar, de verdad, es no haberlo intentado. O dejar de hacerlo por miedo. O no volver a intentarlo por miedo a lo que digan los demás. Vivimos en una sociedad que nos empuja al éxito, pero que rara vez nos prepara para la derrota. Nos hablan de metas, sueños, logros y triunfos. Pero se habla poco de lo que pasa cuando las cosas no salen. Y menos aún se enseña a gestionarlo. En nuestra cultura, el fracaso sigue generando vergüenza. Sigue pesando como una losa. Sigue marcando a quienes se atrevieron… pero no lo consiguieron.

Sin embargo, los países que más innovan no son los que más aciertan. Son los que más toleran el error. Los que permiten equivocarse sin castigar. Los que entienden que detrás de cada acierto suele haber varios intentos fallidos.

Por eso creemos que es urgente integrar la gestión del fracaso en la formación de nuestros emprendedores. No como una asignatura aparte, sino como una parte natural del proceso. Hablar del fracaso sin dramatismos, sin etiquetas y sin miedo. Enseñar a aceptarlo, a aprender de él. Porque una sociedad que no educa en el fracaso, educa en la huida. Haciéndonos más frágiles y débiles. Si conseguimos enseñar que tropezar no es un motivo de vergüenza, sino una oportunidad para crecer, haremos mucho más que formar emprendedores. Estaremos formando personas con carácter. Con resiliencia (Nuraiman et al., 2025). Con perspectiva. Personas capaces de sostener su propósito incluso en la tormenta.

Este capítulo te deja muchas herramientas, pero sobre todo te deja una mirada distinta. Una forma de entender el fracaso como parte de la vida profesional y personal. No como una sombra que hay que evitar, sino como una realidad que se puede abrazar y transformar. Porque cuando eliges un proyecto que te ilusiona de verdad, cuando encuentras algo a lo que entregarte con sentido, el fracaso deja de ser un muro. Se convierte en un tramo más del camino. Puede doler, sí. Puede frenar. Pero no detiene. Porque quien tiene un propósito claro, siempre encuentra la forma de volver a empezar.

Ahora que estás terminando de leer este capítulo, te dejamos algunas preguntas. No para que las contestes de inmediato, sino para que te acompañen en un tiempo de reflexión:

- ¿Qué harías si el miedo a fracasar no te condicionara?
- ¿Qué has aprendido de tus errores que hoy te hace más fuerte?
- ¿Qué personas han estado a tu lado cuando todo se vino abajo?
- ¿Qué nuevo proyecto merecería hoy tu energía, tu ilusión y tu experiencia?

Para finalizar, una frase con la que podríamos resumir todo lo expuesto:

Fracasar no es lo contrario de emprender. Es una parte
inevitable de emprender bien.

Nuestro consejo es que no temas caer. Teme quedarte en el suelo sin aprender nada. Porque mientras sigas aprendiendo, mientras
sigas creciendo, mientras sigas intentándolo, no habrás fracasado
y probablemente nunca lo harás.

7

Reemprender después del fracaso: del concurso de persona física al derecho al olvido económico

> «La clave del éxito es aprender a convertir
> los fracasos en oportunidades.»
>
> John C. Maxwell

7.1. Introducción: RENACE y el sentido de volver a empezar[1]

Fracasar duele. No es solo un asunto económico, sino personal, familiar y social. Duele en la autoestima, en la mirada de los hijos, en la relación con la pareja. Durante mucho tiempo, en España el fracaso financiero equivalía a una condena civil: ser moroso significaba quedar atrapado en un círculo de embargos, registros de morosidad y exclusión del crédito.

El concurso de persona física, regulado hoy en el Texto Refundido de la Ley Concursal, vino a cambiar esa visión. Supone la posibilidad de que las deudas que no se pueden afrontar queden exoneradas, de modo que la persona pueda empezar de nuevo. No es borrar el pasado, sino liberar el futuro.

En 2017 —mucho antes de que esta regulación estuviera tan consolidada, ya que la conocida Ley de Segunda Oportunidad es de 2015— nació en Murcia, bajo la tutela del Instituto de Fomento de la Región de Murcia, el Programa RENACE.

---

[1] Este capítulo ha sido redactado en primera persona por la coautora Rosa Mª Vigueras.

Fue un punto de inflexión. RENACE no era un simple procedimiento burocrático, sino una mezcla de humanidad y tecnología.

FUENTE: https://www.carm.es/

Figura 7.1.—Programa RENACE.

En lo humano, significaba escuchar a las personas en situación de sobreendeudamiento, acoger su dolor, darles un espacio seguro donde explicar que no eran delincuentes, sino ciudadanos vulnerables. Muchos de ellos confesaron que habían pensado en quitarse la vida para que el seguro de sus préstamos cubriera la deuda que ellos ya no podían afrontar. RENACE fue, para muchos, la primera vez que alguien les dijo: «Tu vida no termina aquí. Existe una salida legal y real».

En lo tecnológico, supuso crear una herramienta digital sencilla, accesible con certificado digital, que permitía a los candidatos presentar telemáticamente su memoria jurídico-económica. Esa memoria narraba de dónde venía la deuda, qué intentos se habían hecho para pagarla, cuál era la situación actual y qué futuro se podía proyectar. Era una auténtica «navaja de Ockham»: reducir la complejidad de la ley a un procedimiento manejable para cualquier ciudadano.

RENACE marcó un antes y un después. Más de 150 personas encontraron en él un camino hacia la esperanza. En 2022, y gracias a muchos valientes que acudieron al INFO, tuve el honor de recibir el Premio Nacional de Mediación de la Asociación AMMI, «De la ruina también se sale», pero lo más valioso fue lo invisible: cada pensión que dejó de estar embargada, cada nómina que volvió limpia, cada familia que dejó de temer la llamada del banco…

Gracias a esta experiencia profesional, cambió mi vida: dejé de ser una abogada artesana para especializarme como «fracasóloga», dentro de una disciplina muy bella del derecho donde se estudia Derecho mercantil y de consumo, bancario, concursal y de la insolvencia, materias en constante evolución, teniendo en cuenta que la última reforma es del año 2022; este procedimiento que se tramita en los juzgados mercantiles garantiza al deudor de buena fe que la exoneración, aunque no se extienda a algunos créditos (como el hipotecario o el público), sí que permite no responder del total de deuda y, en el mejor de los casos, liberar de por vida el yugo de persecución y amenazas que padecen miles de ciudadanos que reciben una media de 40 llamadas diarias de fondos carroñeros disfrazados de «gestoras», con nombres tan impronunciables como la indigencia moral de su proceder, y sucesoras, por una ridícula suma de dinero, de la miseria en la que algunas entidades bancarias han situado precisamente a ese ciudadano y su entorno familiar.

Y la maravilla de este recurso legal no es solo conseguir un EPI (exoneración de pasivos insatisfechos), sino el archivo definitivo de las ejecuciones que embargan devoluciones de la renta, o ayudas por hijo, o nóminas y pensiones. No me puedo imaginar la dicha de cerrar por fin, en los juzgados de instancia mixtos o no, procedimientos de ejecución de títulos judiciales y no judiciales que llevan tramitándose desde el año 2002, descongestionando la pendencia de nuestros juzgados, entretenidos en tramitar las sucesiones procesales de fondos de inversión y otros entes de difícil catalogación.

Perdonen la extensión de la presentación; cierro ya este apartado agradeciendo en primer lugar a todos los que han formado y forman parte de este viaje, como son los coautores de este libro, Pedro-Juan y Rafael, y por supuesto a todos los que han compartido sus historias de fracaso conmigo y me han demostrado con ejemplos qué significa tener éxito.

7.2. Contexto actual del concurso de persona física en España

El concurso de persona física no es una rareza, sino un fenómeno en expansión. Según la Memoria 2025 del Consejo General del Poder Judicial (CGPJ), referido a datos judiciales de 2024, se presentaron 20.000 concursos de persona física natural en un año en toda España, superando en la actualidad los 60.000 concursos.

La conclusión es clara: el concurso de persona física se ha convertido en la herramienta más utilizada de la justicia concursal. En regiones como Murcia, donde programas pioneros como RENACE allanaron el terreno, el crecimiento fue especialmente llamativo.

Y ahora observo la cifra de concurso de microempresa recogido en la estadística y aparecen 125 procedimientos —que imagino serán más de la mitad de Cartagena— en el Juzgado Mercantil n.º 4, pionero en la materia.

Consejo General del Poder Judicial

El número de concursos presentados en 2024 ha sido de 57.507, un 35,5% más que en 2023. De ellos 48.853 son concursos de personas físicas no empresarios, un 46,8% más que el año anterior; 5568 concursos de personas jurídicas, un 2,2% más; y 3086 de personas naturales empresarios, un -17,2% menos que en 2023.

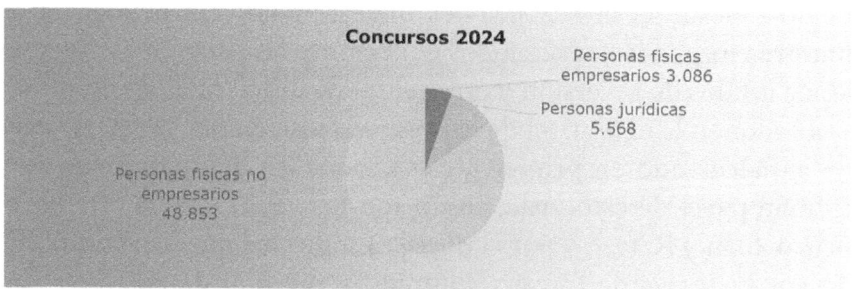

Concursos 2024

Personas físicas empresarios 3.086

Personas jurídicas 5.568

Personas físicas no empresarios 48.853

Consejo General del Poder Judicial

La distribución por tribunales superiores de justicia de los concursos presentados en 2024 muestra que Cataluña presenta la cifra más alta en concursos de personas jurídicas seguida por Madrid, mientras que para los de personas naturales empresarios, Cataluña muestra unas cifras muy superiores a los demás tribunales superiores de justicia.

	Concursos personas jurídicas	Concursos personas naturales empresarios	Concursos personas naturales no empresarios
Andalucía	829	190	7.772
Aragón	104	15	897
Asturias	78	128	715
Illes Balears	84	152	1.112
Canarias	124	36	2.908
Cantabria	24	10	373
Castilla y León	165	88	1.623
Castilla-La Mancha	194	94	1.713
Cataluña	1.388	1.571	11.075
C. Valenciana	735	283	6.099
Extremadura	102	113	669
Galicia	293	91	1.938
Madrid	968	193	8.076
Murcia (Región de)	152	43	2.395
Navarra	54	34	393
País Vasco	261	39	916
La Rioja	13	6	179
Total	**5.568**	**3.086**	**48.853**
Variación respecto a 2023	**2,2%**	**-17,2%**	**46,8%**

Consejo General del Poder Judicial

La evolución del total de **procedimientos concursales**, en los últimos 10 años la resume el siguiente gráfico:

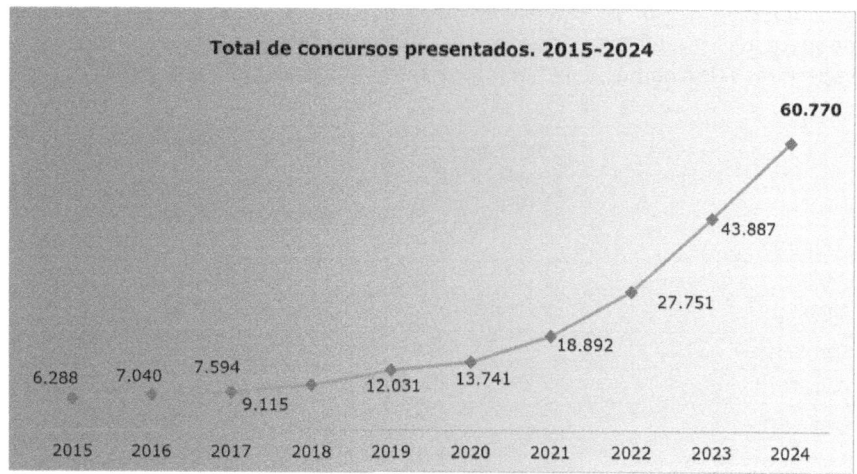

A partir de 2023 se incluyen en este gráfico los **procedimientos especiales de microempresas,** procedimiento de insolvencia creado en el Libro III del Real Decreto Legislativo 1/2020, y con funcionamiento desde el 1 de enero de 2023.

El número de procedimientos especiales de microempresas presentados en 2024 ha sido de 3.263, un 126,0% más que en 2023. De ellos, 984 son de personas físicas no empresarios, un 267,2% más que el año anterior, y 2.279 procedimientos han sido presentados por personas jurídicas, un 93,8% más que en 2023.

La distribución por tribunales superiores de justicia de los procedimientos especiales de microempresas presentados en 2024 muestra que Madrid presenta la cifra más alta tanto en procedimientos de personas jurídicas como de personas físicas. Madrid presenta el 41,8% de los procedimientos de personas jurídicas, seguida por C. Valenciana, 14,6%. En el caso de personas físicas, Madrid, 32,9%, y Andalucía, 31,3%, son los territorios donde más procedimientos se presentan.

	PEM personas jurídicas	PEM personas físicas	TOTAL P. E. Microempresas
Andalucía	218	308	526
Aragón	19	8	27
Asturias	55	7	62
Illes Balears	8	2	10
Canarias	84	21	105
Cantabria	21	7	28
Castilla y León	65	47	112
Castilla-La Mancha	51	31	82
Cataluña	188	48	236
C. Valenciana	377	110	487
Extremadura	32	2	34
Galicia	28	12	40
Madrid	953	324	1.277
Murcia (Región de)	82	43	125
Navarra	3	3	6
País Vasco	81	3	84
La Rioja	14	8	22
Total	**2.279**	**984**	**3.263**
Variación respecto a 2023	**94%**	**267%**	**126%**

FUENTE: https://www.poderjudicial.es/cgpj/es/Poder-Judicial/Consejo-General-del-Poder-Judicial/Actividad-del-CGPJ/Memorias/Memoria-anual-2025--correspondiente-al-ejercicio-2024-

Figura 7.2.— Memoria anual 2025 (correspondiente al ejercicio 2024), Consejo General del Poder Judicial.

Cada número en estas estadísticas esconde una historia. No hablamos de cifras abstractas: detrás hay familias que dejaron de sufrir embargos, autónomos que pudieron rehacer su vida laboral, pensionistas que recuperaron sus ingresos completos y pudieron recuperar la *solvencia positiva*.

Requisitos para acogerse al concurso de persona física

El Título XI del Texto Refundido de la Ley Concursal (TRLC) regula el beneficio de exoneración del pasivo insatisfecho (EPI). Este mecanismo, concebido como un derecho a la «segunda oportunidad», no busca simplemente ordenar el pago de las deudas, sino ofrecer una salida real a la insolvencia de las personas físicas, permitiéndoles liberarse de obligaciones que se han vuelto imposibles de afrontar. Como establece el artículo 486 del Texto Refundido de la Ley Concursal, cualquier deudor persona natural, sea o no empresario, puede solicitar esta exoneración siempre que sea considerado deudor de buena fe.

Insolvencia actual o inminente

El presupuesto objetivo para la declaración de concurso, y por tanto el primer requisito, es encontrarse en estado de insolvencia. El artículo 2 del Texto Refundido de la Ley Concursal define la insolvencia actual como la situación en la que el deudor «no puede cumplir regularmente sus obligaciones exigibles». Además, la ley también contempla la insolvencia inminente, que se produce cuando el deudor «prevea que dentro de los tres meses siguientes no podrá cumplir regular y puntualmente sus obligaciones».

La existencia de embargos, ejecuciones judiciales o el sobreseimiento generalizado en los pagos son considerados por la propia ley como «hechos externos reveladores del estado de insolvencia» que sirven como prueba fehaciente de esta situación.

Persona física: con o sin actividad empresarial

El procedimiento está abierto a cualquier deudor persona natural, tal como se desprende del artículo 1 del Texto Refundido de la Ley Concursal. Esto incluye un amplio abanico de perfiles: consumidores, trabajadores por cuenta ajena, autónomos o empresarios individuales. Es especialmente relevante para los avalistas que, sin haber contraído la deuda principal, se ven arrastrados por obligaciones ajenas y pueden encontrar en este mecanismo una vía para rehacer su vida financiera.

La buena fe y los antecedentes penales

El legislador establece una línea roja en el artículo 487 del Texto Refundido de la Ley Concursal, que define los contornos de la «buena fe» del deudor. Uno de los requisitos más estrictos es no haber sido condenado en sentencia firme en los 10 años anteriores por delitos específicos, entre los que se incluyen:

- Delitos contra el patrimonio y contra el orden socioeconómico.
- Falsedad documental.
- Delitos contra la Hacienda Pública y la Seguridad Social.
- Delitos contra los derechos de los trabajadores.

Esta exigencia es clave, pues diferencia a quienes cayeron en una situación de insolvencia por vulnerabilidad sobrevenida de aquellos que pudieran haber incurrido en conductas fraudulentas.

Vulnerabilidad como criterio interpretativo de la buena fe

Aunque el TRLC define la «buena fe» a través de una serie de requisitos objetivos, la práctica judicial revela que el concepto de «vulnerabilidad» es decisivo en la valoración del caso. El espíritu de la norma protege a personas que, pese a haber trabajado y cotizado toda su vida, acaban atrapadas en una espiral de deuda por circunstancias imprevistas y ajenas a su control, como una enfermedad grave, los efectos de una crisis económica, una ruptura matrimonial o la ejecución de avales firmados a favor de terceros.

Documentación: la memoria jurídico-económica y otros documentos esenciales

El procedimiento se inicia con la solicitud de declaración de concurso, a la que deben acompañarse una serie de documentos fundamentales, detallados en el artículo 7 del Texto Refundido de la Ley Concursal. Entre ellos destacan:

- Una memoria jurídico-económica que exprese la historia del deudor, las causas de la insolvencia y las circunstancias personales y profesionales que llevaron a ella, incluyendo los intentos previos de pago o negociación.
- Un inventario de bienes y derechos que integren su patrimonio, con una estimación de su valor de mercado.
- Una relación de acreedores, detallando la cuantía y vencimiento de cada crédito.

Es esencial destacar que todo el procedimiento es telemático y se presenta con certificado digital. Este enfoque no solo elimina barreras burocráticas, sino que dignifica al solicitante en un momento de extrema dificultad personal, evitando que deba «mendigar» ayuda en ventanillas y oficinas.

Los efectos liberadores del beneficio de exoneración del pasivo insatisfecho (EPI)

El beneficio de exoneración del pasivo insatisfecho (EPI), regulado en el artículo 486 del Texto Refundido de la Ley Concursal, es mucho más que un tecnicismo jurídico: es la diferencia entre vivir encadenado a una deuda y volver a empezar. Su efecto principal, como establece el artículo 490 del Texto Refundido de la Ley

Concursal, es que los acreedores cuyos créditos se consideran exonerados no podrán ejercer ninguna acción de cobro frente al deudor. Aunque la deuda subsista como una obligación natural, se extingue la responsabilidad del deudor, liberándolo de su pago.

Suspensión inmediata de embargos y ejecuciones

Desde la admisión a trámite de la solicitud de concurso, se produce un efecto inmediato y crucial: la suspensión de las ejecuciones en curso. Este mecanismo, amparado por la Ley Concursal y reforzado por el artículo 568 de la Ley de Enjuiciamiento Civil, paraliza los embargos sobre los bienes y derechos del deudor. Para alguien que llevaba años viendo cómo su nómina o pensión llegaba reducida por embargos, este es el primer respiro real y tangible del procedimiento.

Alcance de la exoneración: deudas ordinarias y subordinadas

La regla general, según el artículo 489 del Texto Refundido de la Ley Concursal, es que la exoneración se extiende a la totalidad de las deudas insatisfechas, con la excepción de una lista tasada de créditos no exonerables. Esto significa que quedan incluidas las deudas ordinarias y subordinadas, como las derivadas de tarjetas de crédito, microcréditos, préstamos personales o deudas con proveedores. Es la columna vertebral del sistema, porque son esas deudas privadas las que hunden al ciudadano medio en la exclusión financiera.

Protección de la vivienda habitual mediante el plan de pagos

Una de las innovaciones más significativas de la reforma concursal es la posibilidad de obtener la exoneración sin necesidad de liquidar todo el patrimonio. La modalidad de exoneración con sujeción a un plan de pagos, regulada en el artículo 495 del Texto Refundido de la Ley Concursal, permite al deudor conservar activos esenciales. En particular, el artículo 497 del Texto Refundido de la

Ley Concursal contempla la extensión del plan de pagos a cinco años «cuando no se realice la vivienda habitual del deudor». Esto rompe con décadas en que perder la casa era el desenlace casi inevitable del sobreendeudamiento.

El derecho al olvido económico: limpieza de ficheros de morosidad

La exoneración tiene un efecto rehabilitador que va más allá del mero perdón de la deuda. El artículo 492 ter de la Ley Concursal (introducido por la Ley 16/2022) establece que la resolución judicial que concede la exoneración definitiva debe ordenar a los acreedores que comuniquen dicha exoneración a los sistemas de información crediticia. Salir de registros como ASNEF, RAI o CIRBE es lo que se llama, muy acertadamente, recuperar la solvencia positiva. Permite al deudor contratar servicios básicos, alquilar una vivienda o acceder de nuevo al circuito económico en igualdad de condiciones.

Cese definitivo de la persecución: el archivo de las ejecuciones

Como consecuencia directa de la extinción de la acción de cobro que establece el mencionado artículo 490 del Texto Refundido de la Ley Concursal, la resolución de exoneración ordena el archivo definitivo de todas las ejecuciones judiciales y notariales que estuvieran en curso. Esto pone fin al ruido constante de notificaciones, llamadas de gestorías y requerimientos de pago, devolviendo al deudor la tranquilidad necesaria para reconstruir su vida.

Las limitaciones a la exoneración: deudas no exonerables

Si bien el objetivo del beneficio de exoneración del pasivo insatisfecho (EPI) es ofrecer una segunda oportunidad real, el legislador ha considerado necesario proteger ciertos intereses jurídicos que considera superiores. Por ello, el artículo 489, «Extensión de la exoneración», del Texto Refundido de la Ley Concursal (TRLC) establece un catálogo de deudas que, por su naturaleza, quedan excluidas de la exoneración.

Estas excepciones son las siguientes:

- Deudas por alimentos: se mantiene la obligación de pago de las deudas por alimentos (artículo 489.1.3.º del TRLC), con el fin de garantizar el sustento de los hijos y otros familiares dependientes del deudor, cuya protección se considera prioritaria.
- Deudas por responsabilidad civil derivada de delito: la exoneración no alcanza a las indemnizaciones fijadas en un proceso penal (artículo 489.1.2.º del TRLC). Esta exclusión se fundamenta en el respeto a los derechos de las víctimas y en la necesidad de que el daño causado sea reparado.
- Deudas por multas y sanciones administrativas muy graves: el Estado conserva su potestad sancionadora *(ius puniendi),* por lo que las multas impuestas en procesos penales y las sanciones administrativas calificadas como muy graves no son exonerables (artículo 489.1.6.º del TRLC).
- Deudas con garantía real: las deudas garantizadas con hipoteca o prenda no se exoneran hasta el límite del valor del bien que sirve de garantía (artículo 489.1.8.º del TRLC).
- Deudas de Derecho público: este es uno de los puntos más controvertidos. El artículo 489.1.5.º del TRLC establece un límite máximo a la exoneración de 10.000 € para deudas con la Agencia Tributaria y otros 10.000 € para deudas con la Seguridad Social, bajo unas condiciones específicas.

El crédito público: el principal escollo para una exoneración completa

La limitación cuantitativa a la exoneración del crédito público, establecida en el artículo 489.1.5.º del TRLC, se ha convertido en el mayor obstáculo para que la segunda oportunidad sea plenamente efectiva. Es frecuente que los deudores, especialmente autónomos y pequeños empresarios, acumulen importantes deudas con Hacienda y la Seguridad Social, que se ven incrementadas exponencialmente por recargos, intereses y sanciones. En estos casos, aunque se logre la exoneración del resto del pasivo, la deuda pública remanente puede ser suficiente para perpetuar la situación de insolvencia.

En este escenario ha ganado una notable relevancia la aplicación de principios de Derecho europeo, como el de proporcionalidad. Tal como se señala, la doctrina judicial europea ha recordado que los mecanismos de segunda oportunidad deben ser efectivos y no pueden suponer una condena financiera perpetua para una persona en situación de vulnerabilidad.

Esta corriente interpretativa ha encontrado eco en la jurisprudencia española. Incluso antes de la última reforma, la sentencia del Tribunal Supremo 381/2019, de 2 de julio, ya abogaba por una interpretación teleológica (es decir, orientada a la finalidad) de la norma, entendiendo que el objetivo es facilitar una «plena exoneración de deudas». El Alto Tribunal argumentó que una interpretación excesivamente rígida que hiciera imposible la exoneración en la práctica desvirtuaría el propósito de la ley.

Siguiendo esta línea, y ante la evidencia de que una aplicación literal del límite de la deuda pública puede frustrar la finalidad de la norma, cada vez más juzgados mercantiles están aplicando exoneraciones totales o sustancialmente más amplias del crédito público. Lo hacen ponderando las circunstancias del caso concreto y aplicando el principio de proporcionalidad, especialmente en supuestos de incapacidad permanente, desempleo de larga duración o situaciones de extrema precariedad económica que hacen inviable cualquier plan de pagos.

Este debate sigue abierto, como refleja la sentencia del Juzgado de lo Mercantil de A Coruña de 20 de diciembre de 2022, que analiza la correcta transposición de la directiva europea en lo relativo al crédito público, demostrando que la tensión entre la norma nacional y los principios europeos es un campo en plena evolución jurisprudencial.

El derecho al olvido económico

Si tuviera que elegir el beneficio más transformador de la exoneración, no hablaría de la suspensión de embargos ni de salvar la vivienda: hablaría del derecho al olvido económico. Este derecho, aunque no se nombre explícitamente así en la ley, es la consecuencia directa y finalista del mecanismo de segunda oportunidad, que busca la plena reinserción del deudor en la vida económica y social.

Este derecho significa que, al concederse la exoneración, los datos negativos que marcaban al deudor desaparecen de los registros de morosidad. No se trata de un detalle técnico, sino de un cambio radical en la vida de las personas, con un sólido respaldo legal.

Limpieza de registros de morosidad

Esta «limpieza» no es una cortesía del sistema, sino una obligación legal impuesta por el juez del concurso. El artículo 492 ter del Texto Refundido de la Ley Concursal es el pilar de este efecto. Este precepto establece que la resolución judicial que concede la exoneración incluye un mandamiento directo a los acreedores para que comuniquen la cancelación de la deuda a los sistemas de información crediticia (como ASNEF o Experian). Además, faculta al propio deudor para requerir directamente a estos ficheros la actualización de sus registros, presentando testimonio del auto judicial.

Salir de ASNEF, de RAI o de la CIRBE del Banco de España es recuperar la imagen limpia ante el sistema financiero. Dejar de figurar como insolvente abre la posibilidad de contratar suministros, alquilar vivienda o volver a solicitar crédito.

Las palabras sobre la dignidad resuenan con fuerza aquí. La ley materializa esa recuperación de la dignidad al proporcionar un mecanismo ejecutivo para borrar el estigma. Recuerdo las palabras de un cliente: «No me importa no tener acceso a grandes préstamos. Lo que quiero es que no me miren como un apestado cada vez que paso por un banco».

Esa frase resume el valor moral de este efecto: no es solo solvencia, es dignidad. El artículo 492 ter es, en esencia, la herramienta que borra esa etiqueta de «apestado», permitiendo que la persona sea evaluada por su presente y no por su pasado insolvente.

Fin de embargos en nóminas y pensiones

Este efecto se fundamenta en el artículo 490 del Texto Refundido de la Ley Concursal. Según este artículo, los acreedores cuyos créditos han sido exonerados «no podrán ejercer ningún tipo de acción frente el deudor para su cobro». Esto convierte la suspensión provisional de embargos, que se produce al inicio del concurso, en un archivo definitivo e irrevocable.

Cuando se archivan los embargos, el ingreso mensual vuelve íntegro a la familia. Lo que para un tercero puede parecer un detalle, para alguien que vivía con su pensión reducida cada mes es una experiencia de liberación.

Recuperación del honor y de la propia imagen

Aquí se identifica un punto crucial: la exoneración trasciende lo económico para conectar con derechos fundamentales como el honor y la propia imagen. La insolvencia arrastra un estigma. Ser «moroso» pesa más que el monto de la deuda. Condiciona relaciones familiares, laborales y sociales.

La normativa concursal, al ordenar la eliminación de los datos de los ficheros de morosidad (artículo 492 ter TRLC) y prohibir cualquier acción de cobro futura (artículo 490 TRLC), está protegiendo activamente estos derechos. La exoneración restituye también ese derecho fundamental: el derecho al honor y a la propia imagen. Significa volver a presentarse en sociedad sin una etiqueta de fracaso. No se trata solo de un «borrón y cuenta nueva» financiero, sino de una restitución jurídica de la reputación personal, permitiendo al individuo reconstruir su vida sin el lastre de una marca social que ya no se corresponde con su realidad jurídica.

7.3. Casos reales: RENACE y el concurso de Joaquín y Lola

Fuente: https://www.laverdad.es/murcia/ruina-sale-20220306000412-ntvo.html

Figura 7.3.—Artículo de *La Verdad* (6 de marzo de 2022).

El Derecho concursal no se entiende solo con artículos de la ley. Se entiende mejor a través de las vidas concretas que han encontrado en él un salvavidas.

RENACE como laboratorio humano

En Murcia, el programa RENACE permitió acompañar a más de 150 personas en su camino hacia la segunda oportunidad. Allí se escucharon historias de todo tipo: autónomos que habían trabajado 40 años cotizando a la Seguridad Social y veían cómo los embargos devoraban su pensión; familias que se arruinaron por avalar a un hermano o un hijo; pequeños empresarios que se vieron atrapados por la crisis de 2008.

Lo común a todos ellos era la soledad. Creían que no había salida, que la deuda era una losa perpetua. RENACE demostró que la ley sí ofrecía salidas y que bastaba un certificado digital y una memoria jurídica clara para iniciar el proceso.

Joaquín y Lola: la historia que hizo escuela

Uno de los casos más emblemáticos fue el de Joaquín y Lola, un matrimonio que logró la exoneración de más de 700.000 € de deuda en un concurso conjunto. Su historia apareció en prensa local y se convirtió en símbolo de que la justicia concursal podía tener rostro humano.

Joaquín y Lola habían pasado años siendo acosados por llamadas, notificaciones y embargos. Cuando recibieron el auto de exoneración, lloraron de alivio: por fin podían vivir sin miedo, por fin podían volver a mirar al futuro sin la cadena de la deuda.

El eco de su historia fue tan grande que en 2022 me concedieron el Premio Nacional de Mediación de la Asociación AMMI. Ese galardón reconocía no solo mi labor profesional, sino sobre todo la valentía de Joaquín y Lola, que se atrevieron a contar su experiencia públicamente para dar esperanza a otros.

Violencia económica en el matrimonio

Uno de los aspectos menos visibles del fracaso empresarial es la violencia económica que sufre el matrimonio. Durante décadas, fue habitual que las esposas firmaran avales personales a favor de los negocios de sus maridos. No solo se garantizaba con propiedades, también con la responsabilidad solidaria del cónyuge y, otras tantas veces hijos y padres en esta ecuación... No gestionaban las empresas ni tomaban decisiones, pero cuando estas quebraban, los acreedores se dirigían contra tu familia como si fueran deudoras principales.

En casi un 90 % de los casos que he tratado, esas mujeres eran únicamente avalistas. Sin embargo, soportaban la persecución de bancos y proveedores, las demandas judiciales y los embargos de su propio patrimonio. El concurso de persona física se convierte aquí en una herramienta de justicia. Permite que estas mujeres, o padres avalistas, puedan solicitar la exoneración y liberarse de deudas que nunca contrajeron realmente, recuperando su autonomía y su tranquilidad.

El caso de la incapacidad permanente y la deuda pública

Uno de los expedientes más duros que he acompañado fue el de un hombre con incapacidad permanente total reconocida. La Seguridad Social le había concedido ese derecho, pero no podía cobrar la pensión porque arrastraba más de 100.000 € de deuda pública.

La deuda se había multiplicado con intereses de demora, recargos de apremio y sanciones por derivación. Cada año era más grande y asfixiante. El artículo 489 TRLC solo permite exonerar 10.000 € por institución pública, pero hemos alegado el principio de proporcionalidad europeo, reforzado por la jurisprudencia del Tribunal de Justicia de la Unión Europea, en particular la STJUE de 7 de noviembre de 2024.

Gracias a esa doctrina intentaremos la exoneración completa para que el solicitante pueda cobrar su pensión y vivir con dignidad.

7.4. Conclusión: la esperanza como derecho

El concurso de persona física no es solo un expediente judicial. Es una herramienta de vida. Permite que quienes han fracasado económicamente puedan levantarse, que los familiares avalistas rompan el ciclo de violencia económica, que un pensionista con incapacidad pueda cobrar lo que le corresponde, que un matrimonio como el de Joaquín y Lola vuelva a sonreír después de una deuda imposible de pagar más allá de una vida.

Ya existen mecanismos legales para que los ciudadanos no pierdan sus viviendas habituales por no tener ingresos suficientes y que se hagan viables las reestructuraciones de deuda hipotecaria, y en el peor de los casos, que haya alternativa habitacional para los más desfavorecidos.

Necesitamos un tejido empresarial renovado, donde no exista economía sumergida, tenemos que sacar a flote a una clase media que se ha difuminado en las dos crisis económicas que hemos atravesado, y aspirar a romper la estadística de umbral de pobreza que arroja la OCDE (Organización para la Cooperación y el Desarrollo Económicos).

Liberar la losa de la deuda que se triplica por el paso del tiempo es un objetivo que se puede conseguir con la actual legislación y con el soporte de las Administraciones Públicas.

A pesar de la pendencia judicial que sufrimos en la Administración de Justicia, la herramienta telemática a la que me he referido en estas líneas consigue el rescate y recuperación de ciudadanos en tiempo récord, y en la Región de Murcia, gracias a la modernización de la Justicia y a su oficina judicial, se puede tener acceso a todos los procedimientos judiciales en trámite, reduciendo el desgaste burocrático del acceso a la información y, por lo tanto, a las soluciones del conflicto del endeudamiento y la insolvencia.

Merece una mención especial, la Letrada de la Administración de Justicia doña Ana Iborra Lacal, una de las directoras de la organización judicial murciana que garantiza la eficiencia del servicio común general y que siempre se ha mostrado empática y cercana a los profesionales que nos dedicamos a esta materia.

Por último, quiero agradecer a cada una de las más de 150 personas que confiaron en mi despacho y en la herramienta digital que hemos construido. Ellos son los verdaderos protagonistas de este capítulo: ciudadanos que, tras tocar fondo, eligieron volver a empezar.

Porque fracasar no es un final. Es, simplemente, la oportunidad de escribir de nuevo la propia historia.

ANEXO: GUÍA BREVE DE RECONSTRUCCIÓN TRAS LA EXONERACIÓN

La exoneración de deudas es un comienzo, no un final. Quien recibe el auto favorable no debe entenderlo como un borrón absoluto, sino como la apertura de un camino que exige nuevas reglas. Para reemprender después del fracaso hacen falta estrategias claras y disciplina cotidiana.

1. Elaborar un plan financiero sólido

El primer paso es construir un presupuesto sencillo y realista. Identificar ingresos fijos, gastos imprescindibles y recortar lo superfluo. Escribirlo en un cuaderno o en una hoja de cálculo tiene un efecto liberador: convierte la ansiedad en datos y los datos en decisiones.

2. Reducir gastos fijos y evitar el sobreendeudamiento

La experiencia demuestra que el exceso de cuotas fijas es la antesala de nuevas insolvencias. Tras la exoneración conviene apostar por un estilo de vida flexible, con costes variables que puedan ajustarse si cambia la situación económica.

3. Reconstruir el historial crediticio

Salir de ASNEF o RAI no significa que el acceso al crédito sea inmediato. Una estrategia eficaz es empezar con pequeños productos financieros: microcréditos responsables, tarjetas con límite reducido, préstamos solidarios. Cumplir con ellos permite rehabilitar la confianza de las entidades.

4. Buscar socios en lugar de acreedores

Muchos emprendedores que pasaron por el concurso descubrieron que había alternativas a los préstamos bancarios: alianzas, socios estratégicos, inversores privados. Compartir riesgos es más sano que asumirlos en solitario.

5. Diversificar ingresos

Reemprender no significa volver al mismo punto de partida. Es recomendable abrir nuevas vías: trabajos *freelance,* consultoría, pequeños negocios digitales. La diversificación reduce la exposición y ofrece estabilidad en entornos inciertos.

6. Aprender del error

Cada insolvencia esconde lecciones: confianza excesiva en el crédito fácil, falta de control en los gastos, inversiones impulsivas. Analizar esos errores no desde la culpa, sino desde la reflexión, es el modo de blindar el futuro.

Este libro no pretende evitar que tropieces, sino ayudarte a mirar mejor por dónde pisas. Debes tener en consideración que perder dinero en un negocio no significa fracasar, significa que estás aprendiendo el juego real del emprendimiento. Nadie construye un negocio rentable sin equivocarse. Cada error te deja una lección que ningún curso puede enseñarte. Mira a los grandes empresarios, ellos también perdieron al principio: dinero, tiempo y energía. La diferencia es que no lo vieron como una pérdida, sino como una inversión en conocimiento, que les permitió ganar experiencia, criterio y visión del problema.

GLOSARIO

1. **Adaptabilidad.** Capacidad de modificar el comportamiento para ajustarse a nuevas situaciones y contratiempos, con rasgos como la flexibilidad mental, la resiliencia y la gestión del cambio.
2. **Afrontamiento del fracaso.** Manera en que una persona responde, emocional y conductualmente, ante una experiencia fallida.
3. **Análisis de errores.** Revisión estructurada de decisiones fallidas para identificar causas y aprendizajes.
4. **Aprendizaje del error.** Proceso mediante el cual una equivocación se transforma en conocimiento útil para decisiones futuras.
5. **Aprendizaje experiencial.** Forma de aprendizaje basada en la reflexión sobre la experiencia vivida, especialmente la adversa.
6. **Aprendizaje organizacional.** Capacidad de una organización para aprender de sus errores colectivos.
7. **Asertividad.** Habilidad para expresar ideas, discrepancias y poner límites de forma clara y respetuosa, evitando conductas extremas de agresividad/autoritarismo y de pasividad/sumisión.
8. **Atiquifobia.** Temor intenso e irracional a fracasar, a no conseguir propósitos y a cometer errores en el intento, evitando situaciones y decisiones que impliquen la posibilidad del fracaso.
9. **Autoconfianza.** Seguridad en sí mismo construida a partir de experiencias de adaptación y superación, no de ausencia de errores.
10. **Confianza.** Esperanza y seguridad en uno mismo o en otras personas y contextos, que conlleva asumir desafíos y riesgos.

11. **Creatividad.** Capacidad de generar alternativas nuevas cuando las soluciones habituales dejan de funcionar, evitando respuestas inerciales y patrones establecidos.
12. **Creatividad aplicada.** Uso práctico de la creatividad para resolver retos y problemas derivados del error o la adversidad.
13. **Cultura del aprendizaje.** Entorno que normaliza el error como parte del crecimiento individual y colectivo.
14. **Cultura del éxito.** Modelo social que idealiza el logro continuo y oculta el error, dificultando una relación sana con la frustración y el aprendizaje.
15. **Educación para la frustración.** Proceso formativo orientado a enseñar a sostener la dificultad sin abandonar ni dramatizar.
16. **Emprendimiento.** Proceso de creación y desarrollo de proyectos en contextos de incertidumbre, donde el riesgo y el error son inevitables.
17. **Error.** Desviación entre lo esperado y lo ocurrido. Constituye una fuente de información clave cuando se analiza con honestidad.
18. **Estigma del fracaso.** Carga social y personal que asocia el error con incompetencia o debilidad, generando miedo, ocultación y bloqueo en la toma de decisiones.
19. **Estrés.** Respuesta física o emocional del organismo ante demandas percibidas como excesivas y preocupantes, generando sufrimiento y daños físicos y mentales cuando se cronifica.
20. **Ética del emprendimiento.** Marco de valores que orienta la toma de decisiones más allá del resultado económico.
21. **Fracaso.** Resultado no deseado de una acción o decisión que obliga a revisar expectativas, procesos y criterios; no se refiere a una identidad personal, sino a una experiencia concreta.
22. **Fracaso empresarial.** Situación en la que un proyecto no alcanza los resultados esperados por causas múltiples.
23. **Fracaso personal.** Vivencia subjetiva del error cuando se interpreta como un juicio sobre la propia valía.
24. *FracasOportunidad.* Modelo que entiende el fracaso como un punto de partida para el crecimiento personal, profesional y creativo (modelo formativo registrado por R. Rabadán Anta, 2016).
25. **Frustración.** Respuesta emocional ante la incapacidad —temporal o definitiva— de satisfacer un deseo, que puede generar sentimientos de decepción, ira o tristeza y provocar agresividad.

26. **Gestión del estrés.** Adopción de pautas ante situaciones estresantes, como hábitos saludables, ejercicio físico, relajación, sueño regular, meditación y otras prácticas que reducen el estrés.

27. **Gestión del fracaso.** Conjunto de estrategias personales, profesionales y emocionales orientadas a comprender, asumir y aprender de situaciones fallidas sin quedar paralizado por ellas.

28. **Gestión emocional.** Capacidad para reconocer, regular y utilizar las emociones de forma funcional en contextos exigentes.

29. **Ley de Segunda Oportunidad.** Marco legal que permite a personas físicas liberarse de deudas bajo determinadas condiciones.

30. **Mentalidad evolutiva/incremental.** Enfoque que, frente a otro fijo, entiende las capacidades como desarrollables mediante aprendizaje, práctica y experiencia. Véase «Todavía no».

31. **Mentalidad fija.** Creencia de que las capacidades son inmutables, lo que incrementa el miedo al error y la evitación del riesgo.

32. **Mentalidad resiliente.** Forma de interpretar las dificultades como parte del proceso, evitando la personalización excesiva del error.

33. **Miedo al fracaso.** Véase «Atiquifobia».

34. **Negociación y mediación.** Herramientas para resolver conflictos y situaciones de bloqueo sin recurrir al enfrentamiento.

35. **Pedagogía del fracaso.** Enfoque educativo que integra el error como herramienta formativa y no como castigo.

36. **Perseverancia.** Capacidad de mantener un esfuerzo constante dirigido a un objetivo, persistiendo en el empeño a pesar de posibles fracasos y otras dificultades.

37. **Presión emocional.** Estado interno que reduce la claridad mental y aumenta la probabilidad de decisiones precipitadas.

38. **Productividad del fracaso.** Capacidad del error para generar aprendizajes, mejoras y nuevas oportunidades cuando se procesa adecuadamente.

39. **Recuperación personal.** Proceso interno de recomposición emocional tras una caída significativa.

40. **Recuperación profesional.** Reconstrucción de la trayectoria laboral o empresarial tras un fracaso.

41. **Red de apoyo.** Conjunto de personas e instituciones que acompañan en momentos de dificultad profesional o personal.

42. **Reemprendimiento.** Capacidad de iniciar un nuevo proyecto tras una experiencia fallida, incorporando los aprendizajes previos.

43. **Reestructuración de la deuda.** Proceso de reorganización de obligaciones financieras para hacer viable la continuidad económica.

44. **Resiliencia.** Capacidad de adaptación de un organismo frente a situaciones imprevistas y/o adversas, afrontándolas con flexibilidad y resistencia para sobreponerse a ellas.

45. **Segunda oportunidad.** Posibilidad real de recomenzar tras un fracaso, tanto legal como vitalmente.

46. **Señales de alerta.** Indicadores tempranos de que un proyecto o decisión pueden derivar en problemas mayores.

47. **Sesgos cognitivos.** Atajos mentales que distorsionan el juicio y pueden conducir a errores sistemáticos en la decisión; la disonancia cognitiva es un ejemplo clásico de tales sesgos y conflictos.

48. **«Todavía no».** Expresión que asume una visión de proceso: aún no se ha logrado una meta, pero puede alcanzarse mediante aprendizaje y esfuerzo. Véase «Mentalidad evolutiva/incremental».

49. **Tolerancia al error.** Capacidad individual u organizacional para aceptar fallos sin penalización excesiva.

50. **Toma de decisiones.** Proceso mediante el cual se elige una acción entre varias alternativas, influido tanto por datos como por emociones.

BIBLIOGRAFÍA

Agassi, A. (2014). *Open: memorias.* Duomo/Antonio Vallardi Ed.

Arqués, N. (2007). *Y tú, ¿qué marca eres?* Alienta.

Arsuaga, J. L. (1999). *El collar del neandertal: en busca de los primeros pensadores.* Temas de Hoy.

Atkinson, J. W. (1964). *An introduction to motivation.* Van Nostrand.

Avia, M. D. y Vázquez, C. (2011). *Optimismo inteligente* (2.ª ed.). Alianza.

Barrón, J. G. y Sánchez, M. L. (2022). Resiliencia organizacional: una revisión teórica de literatura. *Estudios Gerenciales, 38*(163), 235-249.

Bazzocchi, M. A. (2023). *Alfabeto Pasolini.* Trotta.

Bhambri, S. y Venkatesan, M. (2025). Determinants of entrepreneurial resilience in SMEs: A systematic literature review. *Journal of Management and Entrepreneurship, 19*(1), 10-24.

Borbolla-Albores, A. y Reyes-Mercado, P. (2022). Entrepreneurial failure and resilience: A continuous interplay between rigidity and flexibility. *Jurnal Manajemen dan Kewirausahaan, 24*(1), 1-14.

Brunwasser, S. M., Gillham, J. E. y Kim, E. S. (2009). A meta-analytic review of the Penn Resilience Program's effect on depressive symptoms. *Journal of Consulting and Clinical Psychology, 77*(6), 1042-1054.

Camuffo, A., Cordova, A. y Gambardella, A. (2020). A scientific approach to entrepreneurial decision making: Evidence from a randomized control trial. *Management Science, 66*(2), 564-586.

Carevic-Johnson, M. (2006). La creatividad: un factor de la resiliencia. *Revista Psicología Online.* http://www.psicologia-online.com/

Castanyer, O. (1996). *La asertividad: expresión de una sana autoestima.* Desclée de Brouwer.

Cayuela, A. (2005). *Vulnerables: pensar la fragilidad humana.* Encuentro.

Ceberio, M. (2014). *Cenicientas y patitos feos: de la desvalorización personal a la buena autoestima.* Herder.

Coelho, P. (2002). *Manual del guerrero de la luz.* Planeta.

Corbalán, J. y García, V. (2020). Psicoterapias creativas ante el fracaso. En R. Rabadán y P. J. Martín (coords.), *La gestión del fracaso: manual práctico.* CEEIM/DM.

Covey, S. R. (1989). *Los siete hábitos de la gente altamente efectiva.* Paidós.

Cyrulnik, B. (2002). *Los patitos feos. La resiliencia: una infancia infeliz no determina la vida.* Gedisa.

De Villena, L. A. (1997). *Biografía del fracaso.* Planeta.

Dweck, C. (2007). *La actitud del éxito.* Ediciones B.

Eggers, J. P. y Song, L. J. (2023). Learning before, during and after entrepreneurial failure. *Business Process Management Journal, 29*(2), 345-361.

Ellis, A. (1962). *Reason and emotion in psychotherapy.* Lyle Stuart.

Emerson, R. W. (2022). *Confianza en uno mismo.* Gadir (ed. orig., 1841).

Fabres-Lobos, J. (2019). *La resiliencia como motor en el emprendimiento.* https://l1nq.com/agQfL

Ferrero, C. (2012). Miedo al fracaso. *El País,* 20 de marzo de 2012.

Fombella, I. (2013). Caerse para levantarse: la pedagogía del fracaso, clave para el éxito. *Gaceta Universitaria Campus,* 27 de noviembre de 2013.

Forés, A. (2025). Por qué la frustración es necesaria y puede ser positiva para el aprendizaje. *The Conversation,* 10 de marzo de 2025. https://sl1nk.com/2TUSm

Frankl, V. E. (2004). *El hombre en busca de sentido* (23.ª ed.). Herder.

Fuentes, A. (2018). *La chispa creativa: cómo la imaginación nos hizo humanos.* Ariel.

Gabilondo, A. (2011). Prólogo. En R. Rabadán y J. Corbalán, *Creatividad: teoría y práctica elemental para profesionales de la docencia, la empresa y la investigación.* Consejo Social de la Universidad de Córdoba.

García de Leaniz, I. (2014). Gestión del fracaso en los objetivos y metas. *Expansión.* https://l1nq.com/SScSb

García-López, J. A. (2015). *El pequeño saltamontes: emprender es un salto al vacío.* Círculo Rojo.

Garre, C. (2025). *Proyecto de intervención sobre gestión del fracaso dirigido a personas con rasgos ansiosos* [TFG no publicado]. Universidad de Murcia.

Garrido, C. (2020). El poder del «todavía no». En R. Rabadán y P. J. Martín (coords.), *La gestión del fracaso: manual práctico.* CEEIM/DM.

Garrido, C. y Rabadán, R. (2021). *La gestión del miedo al fracaso, un aspecto esencial en el emprendimiento.* Comunicación presentada al IV Congreso Nacional sobre Emprendimiento, Empleo y Discapacidad. Elche, Alicante, septiembre de 2021.

Gatsis, G., Strigas, A. y Ntasis, L. (2021). Contribution of emotional intelligence to taekwondo athlete's performance. *Journal of Physical Education & Sport, 21*(251), 1976-1980.

Global Entrepreneurship Research Association (2025). GEM 2024/2025 *Global Report: Entrepreneurship Reality Check.* https://www.gemconsortium.org/reports/latest-global-report

Goleman, D. (1996). *Inteligencia emocional.* Kairós.

Goleman, D. (2011). *La práctica de la inteligencia emocional* (23.ª ed.). Kairós.

González-Cuevas, J. A. (2026). *Creer para ver. Master Oh: una visión del universo.* Planeta.

Hare, B. (2003). *Sea asertivo: la habilidad directiva clave para comunicar eficazmente.* Gestión 2000.

Herrero, M. T. y Cuenca, L. (2020). Los circuitos cerebrales implicados en la sensación de fracaso y emociones asociadas. En R. Rabadán y P. J. Martín (coords.), *La gestión del fracaso: manual práctico.* CEEIM/DM.

Hoppe, F. (1930). Erfolg und Misserfolg. *Psychologische Forschung, 14,* 1-62.

Horner, M. (1970). Feminity and successful achievement: a basic inconsistency. En J. Bardwick et al., *Feminine personality and conflict.* Brooks-Cole.

Ichchou, S. (2023). *Proyecto de intervención sobre gestión del fracaso dirigido a estudiantes universitarios* [TFG no publicado]. Universidad de Murcia.

Iglesias, C. (2008). *No siempre lo peor es cierto.* Galaxia Gutenberg.

Jara, P. (2016). *Adicción al pensamiento, ampliado y revisado.* Regenera.

Jara, P. (2025). *Emociones fósiles.* Aguilar.

Kahneman, D. (2020). *La falsa ilusión del éxito.* Conecta.

Kamp, D. (2001). *Marcando las diferencias: las habilidades directivas clave para el siglo XXI.* Gestión 2000.

Lahuerta, R. (2021). *Noruega.* Drassana.

Lerman, M. P., Munyon, T. P. y Williams, D. W. (2021). The (Not So) Dark Side of Entrepreneurship: A Meta-Analysis of the Well-Being and

Performance Consequences of Entrepreneurial Stress. *Strategic Entrepreneurship Journal, 15*(3), 377-402.

Marina, J. A. (2013). Una derrota para cambiar de derrota. *El Mundo,* 9 de septiembre de 2013.

Marina, J. A. (2024). *Historia universal de las soluciones.* Ariel.

Martín, P. J. (2011). *La gestión eficiente de los equipos de venta.* Alianza Académica Española.

Martín, P. J. (2017). *Pensamiento mágico y creencia paranormal.* Alianza Académica Española.

Martín, P. J. (2020). Emprender e innovar o cómo aprender del fracaso. En R. Rabadán y P. J. Martín (coords.), *La gestión del fracaso: manual práctico.* CEEIM/DM.

Martínez-Nieto, S. (2024). *Proyecto de intervención sobre gestión del fracaso dirigido a deportistas* [TFG no publicado]. Universidad de Murcia.

Martínez-Selva, J. M. (2021). *Cómo decidimos: afrontar el azar y la incertidumbre en la toma de decisiones.* Biblioteca de Psicología.

Maslow, A. H. (1970). *Motivation and Personality.* Harper & Row.

Mayor, C. M. (2025). *Proyecto de intervención sobre gestión del fracaso tras una ruptura* [TFG no publicado]. Universidad de Murcia.

McClelland, D. C. (1961). *The Achieving Society.* Van Nostrand.

McClelland, D. C. (1965). Toward a theory of motive acquisition. *American Psychologist, 20,* 321-333.

Mehdi, S. A. y Singh, L. B. (2023). Entrepreneurial fear of failure and psychological well-being: A moderation analysis of resilience. *International Journal of Entrepreneurial Venturing, 15*(1), 1-18.

Mejía, D. (2024). En recuerdo de Daniel Kahneman. *El Mundo,* 31 de marzo de 2024.

Moehringer, J. R. (2021). *El bar de las grandes esperanzas.* Duomo (ed. orig., 2005).

Molina, V. (2013). *Aprender a emprender: cómo nacen, crecen y se consolidan los jóvenes emprendedores.* Conecta.

Montero, R. (2016). Aprendiendo a perder. *El País Semanal,* 18 de septiembre de 2016.

Munuera, J. L. y Rodríguez, A. I. (2006). *Estrategias de marketing: Un enfoque basado en el proceso de dirección.* ESIC Editorial.

Nezu, A., Nezu, C. y D'Zurilla, T. (2014). *Terapia de solución de problemas: manual de tratamiento.* Desclée de Brouwer.

Nuraiman, N., Amin, R. y Aziz, S. (2025). Entrepreneurial resilience: Case studies of failed and successful startups. *Journal of Social Entrepreneurship and Creative Technology, 2*(2), 70-80.

Oatley, K. y Johnson-Laird, P. N. (1987). Towards a cognitive theory of emotions. *Cognition and Emotion, 1,* 29-50.

Olaz, A. (2025). *Éxito: retrato de una sociedad sonámbula.* Páramo.

Peters, T. J. y Waterman, R. H. (1984). *En busca de la excelencia: lecciones de las empresas mejor gestionadas de Estados Unidos.* Folio.

Pinillos, J. L. (1982). *La mente humana.* Biblioteca Básica Salvat.

Provencio, F. (2020). El valor de las experiencias personales para superar el fracaso empresarial: la experiencia del Foro Ilusionando. En R. Rabadán y P. J. Martín (coords.), *La gestión del fracaso: manual práctico.* CEEIM/ DM.

Quemada, M. (2025). *Quimera: el viaje esperanzador de un paciente trasplantado.* Angels Fortune.

Rabadán, R. (2010). Realidad virtual en Barajas. *La Verdad,* 1 de noviembre de 2010.

Rabadán, R. (2020). El fracaso, un aprendizaje necesario. En R. Rabadán y P. J. Martín (coords.), *La gestión del fracaso: manual práctico.* CEEIM/DM.

Rabadán, R. (2021). Nadal y el fracaso. *La Verdad,* 20 de febrero de 2021, y *La Rioja,* 27 de febrero de 2021.

Rabadán, R. (2022). *Técnicas cualitativas para investigación en marketing y psicología.* Pirámide.

Rabadán, R. y Corbalán, J. (2011). *Creatividad: teoría y práctica elemental para profesionales de la docencia, la empresa y la investigación.* Consejo Social de la Universidad de Córdoba.

Rabadán, R. y Martín, P. J. (coords.) (2020). *La gestión del fracaso: manual práctico.* CEEIM/DM.

Rawal, A. y Sarpong, D. (2024). How do entrepreneurs experience business failure and rebound to venture again? A review of literature and research agenda. *International Review of Entrepreneurship, 22*(2), 177-199.

Robles, J. M. (2023). Miedo y asco a la vida: así nos hemos vuelto una sociedad «todofóbica». *El Mundo,* 5 de marzo de 2023.

Roca, M. E. (2019). *Fracasología. España y sus élites: de los afrancesados a nuestros días.* Espasa.

Román, S. y Küster I. (2014). *Gestión de la Venta Personal y de Equipos Comerciales.* Thomson-Paraninfo.

Rotter, J. B. (1966). Generalized expectancies for internal versus external control of reinforcement. *Psychological Monographs, 80.*

Ruiz, I. (2018). El fracaso como ejemplo. *La Verdad,* 24 de marzo de 2018.

Sachdev, N. (2023). Entrepreneurial resilience: What makes entrepreneurs start another business after failure? *Asian Journal of Economics, Business and Accounting, 23*(18), 46-58.

Sánchez, O. y Canales, A. (2020). Fortalezas psicológicas ante el fracaso: optimismo y resiliencia. En R. Rabadán y P. J. Martín (coords.), *La gestión del fracaso: manual práctico.* CEEIM/DM.

Sánchez, O. y Méndez, F. X. (2017). Promoción de la resistencia a la adversidad y el optimismo. En F. X. Méndez (ed.), *Pautas de intervención profesional en educación.* Editum (Universidad de Murcia).

Sánchez-Pérez, J. A. (2020). Aproximación al concepto y a la vivencia de fracaso. En R. Rabadán y P. J. Martín (coords.), *La gestión del fracaso: manual práctico.* CEEIM/DM.

Seligman, M. E. (1975). *Helplessness: on depression, development and death.* Times Books/Henry Holt & Co. (ed. española, Debate, 1981).

Silió, E. (2026). Los jóvenes no aprenden a fracasar. *El País,* 4 de enero de 2026.

Snihur, Y. y Clarysse, B. (2022). Sowing the seeds of failure: Organizational identity dynamics in new venture pivoting. *Journal of Business Venturing, 37*(1), 1-19.

Stamateas, B. (2015). *Fracasos exitosos: cómo crecer a partir de nuestros errores y detectar las oportunidades que hay en cada fracaso.* Ediciones B.

Stone, K. y Dillehunt, H. (1978). *Self Science: the subject is me.* Goodyear Publishing.

Summerscale, K. (2023). *Atlas de las fobias y las manías.* Blackie Books.

Trías de Bes, F. (2007). *El libro negro del emprendedor: no digas que nunca te lo advirtieron.* Activa.

Vázquez, R. (2007). *Habilidades directivas y técnicas de liderazgo.* Ideaspropias.

Vilas, M. (2024). *El mejor libro del mundo.* Destino.

Villatoro, P., Zimbrón, C., Gasca, L. y López de Nava, L. (2023). *Léase en caso de fracaso: lo que no te mata te hace más fuerte.* Conecta.

VV. AA. (2023). *Léase en caso de fracaso: lo que no te mata te hace más fuerte.* Conecta.

Wasserman, N. (2008). The founder's dilemma. *Harvard Business Review, 86*(5), 125-159.

Westphal, J. D. y Zajac, E. J. (1994). Substance and symbolism in CEO's long-term incentive plans. *Administrative Science Quarterly, 39,* 367-390.

Yerkes, R. M. y Dodson, J. D. (1908). The relation of strength of stimulus to rapidity of habit-formation. *Journal of Comparative Neurology and Psychology, 18,* 459-482.

ENLACES CITADOS SOBRE MEMORIAS, LEYES Y SENTENCIAS

- Memoria anual 2025 (correspondiente al ejercicio 2024). Autor: Consejo General del Poder Judicial (España).

    https://l1nq.com/ZW4p7

- Ley 16/2022, de 5 de septiembre, de reforma del Texto Refundido de la Ley Concursal, aprobado por el Real Decreto Legislativo 1/2020, de 5 de mayo, para la transposición de la Directiva (UE) 2019/1023 del Parlamento Europeo y del Consejo, de 20 de junio de 2019, sobre marcos de reestructuración preventiva, exoneración de deudas e inhabilitaciones, y sobre medidas para aumentar la eficiencia de los procedimientos de reestructuración, insolvencia y exoneración de deudas, y por la que se modifica la Directiva (UE) 2017/1132 del Parlamento Europeo y del Consejo, sobre determinados aspectos del Derecho de sociedades (Directiva sobre reestructuración e insolvencia). BOE- A-2022-14580.

    https://www.boe.es/buscar/act.php?id=BOE-A-2022-14580

- Sentencia n.º 107/2024, de 27 de noviembre de 2024 (La Ley 363169/2024), que se apoya correctamente en la jurisprudencia del Tribunal de Justicia de la Unión Europea (Sentencia TJUE de 07/11/2024), para advertir que el sistema español de excepciones automáticas a la exoneración, por la sola existencia de sanciones o derivaciones de responsabilidad firmes, puede contravenir el principio de proporcionalidad que impone el Derecho de la Unión Europea.